PRENTICE HALL
CIENCIA

EXPLORANDO EL PLANETA TIERRA

Anthea Maton
Ex coordinadora nacional de NSTA
Alcance, secuencia y coordinación del proyecto
Washington, DC

Jean Hopkins
Instructora de ciencias y jefa de departamento
John H. Wood Middle School
San Antonio, Texas

Susan Johnson
Profesora de biología
Ball State University
Muncie, Indiana

David LaHart
Instructor principal
Florida Solar Energy Center
Cape Canaveral, Florida

Charles William McLaughlin
Instructor de ciencias y jefe de departamento
Central High School
St. Joseph, Missouri

Maryanna Quon Warner
Instructora de ciencias
Del Dios Middle School
Escondido, California

Jill D. Wright
Profesora de educación científica
Directora de programas de área internacional
University of Pittsburgh
Pittsburgh, Pennsylvania

Prentice Hall
Englewood Cliffs, New Jersey
Needham, Massachusetts

Prentice Hall Ciencia
Explorando el planeta Tierra

Student Text and Annotated Teacher's Edition
Laboratory Manual
Teacher's Resource Package
Teacher's Desk Reference
Computer Test Bank
Teaching Transparencies
Product Testing Activities
Computer Courseware
Video and Interactive Video

La ilustración de la cubierta, realizada por Keith Kasnot, muestra un satélite de investigación en órbita alrededor de la Tierra.

Procedencia de fotos e ilustraciones, página 184.

SEGUNDA EDICIÓN

ISBN 0-13-801945-2

1 2 3 4 5 6 7 8 9 10   97 96 95 94 93

Prentice Hall
A Division of Simon & Schuster
Englewood Cliffs, New Jersey 07632

PERSONAL

Editorial:	Harry Bakalian, Pamela E. Hirschfeld, Maureen Grassi, Robert P. Letendre, Elisa Mui Eiger, Lorraine Smith-Phelan, Christine A. Caputo
Diseño:	AnnMarie Roselli, Carmela Pereira, Susan Walrath, Leslie Osher, Art Soares
Producción:	Suse F. Bell, Joan McCulley, Elizabeth Torjussen, Christina Burghard
Fotoarchivo:	Libby Forsyth, Emily Rose, Martha Conway
Tecnología editorial:	Andrew G. Black, Deborah Jones, Monduane Harris, Michael Colucci, Gregory Myers, Cleasta Wilburn
Mercado:	Andrew Socha, Victoria Willows
Producción pre-imprenta:	Laura Sanderson, Kathryn Dix, Denise Herckenrath
Manufactura:	Rhett Conklin, Gertrude Szyferblatt

Asesoras

Kathy French	National Science Consultant
Jeannie Dennard	National Science Consultant

CONTENIDO

EXPLORANDO EL PLANETA TIERRA

GACETA DE CIENCIAS

Pozo de Actividades/Sección de referencia

Artículos

MAPA de CONCEPTOS

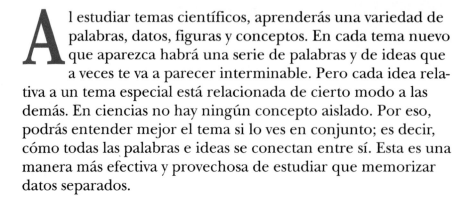

Al estudiar temas científicos, aprenderás una variedad de palabras, datos, figuras y conceptos. En cada tema nuevo que aparezca habrá una serie de palabras y de ideas que a veces te va a parecer interminable. Pero cada idea relativa a un tema especial está relacionada de cierto modo a las demás. En ciencias no hay ningún concepto aislado. Por eso, podrás entender mejor el tema si lo ves en conjunto; es decir, cómo todas las palabras e ideas se conectan entre sí. Esta es una manera más efectiva y provechosa de estudiar que memorizar datos separados.

En realidad, este proceso debe serte familiar. Aunque no te des cuenta, analizas muchos de los elementos de la vida diaria, considerando sus relaciones o conexiones. Por ejemplo, al mirar un ramo de flores, lo puedes dividir en grupos: rosas, claveles y margaritas. Después, asocias colores con las flores: rojo, rosado y blanco. Las flores serían el tema general. El subtema, tipos de flores. Un tema tiene más sentido y se puede entender mejor si comprendes cómo se divide en ideas y cómo las ideas se relacionan entre sí y con el tema en su totalidad.

A menudo, es útil organizar la información visualmente para poder ver la correspondencia entre las cosas. Una de las técnicas usadas para organizar ideas relacionadas es el **mapa de conceptos**. En un mapa de conceptos, una palabra o frase recuadrada representa una idea. La conexión entre dos ideas se describe con una línea donde se escriben una o dos palabras que explican la conexión. El tema general aparece arriba de todo. El tema se divide en subtemas, o ideas más específicas, por medio de líneas. Los temas más específicos aparecen en la parte de abajo.

Para hacer un mapa de conceptos, considera primero las ideas o palabras claves más importantes de un capítulo o sección. No trates de incluir mucha información. Usa tu juicio para decidir qué es lo realmente importante. Escribe el tema general arriba de tu mapa. Un ejemplo servirá para ilustrar el proceso. Decides que las palabras claves de una sección son Escuela, Seres vivos, Artes del lenguaje, Resta, Gramática, Matemáticas, Experimentos, Informes, Ciencia, Suma, Novelas. El tema general es Escuela. Escribe esta palabra en un recuadro arriba de todo.

ESCUELA

Ahora, elige los subtemas: Artes del lenguaje, Ciencia, Matemáticas. Piensa cómo se relacionan con el tema. Agrega estas palabras al mapa. Continúa así hasta que todas las ideas y las palabras importantes estén incluídas. Luego, usa líneas para marcar las conexiones apropiadas. No dejes de escribir en la línea de conexión una o dos palabras que expliquen la naturaleza de la conexión.

No te preocupes si debes rehacer tu mapa (tal vez muchas veces), antes de que se vean bien todas las conexiones importantes. Si, por ejemplo, escribes informes para Ciencia y para Artes del lenguaje, te puede convenir colocar estos dos temas uno al lado del otro para que las líneas no se superpongan.

Algo más que debes saber sobre los mapas de conceptos: pueden construirse de diversas maneras. Es decir, dos personas pueden hacer un mapa diferente de un mismo tema. ¡No existe un único mapa de conceptos! Aunque tu mapa no sea igual al de tus compañeros, va a estar bien si muestra claramente los conceptos más importantes y las relaciones que existen entre ellos. Tu mapa también estará bien si tú le encuentras sentido y te ayuda a entender lo que estás leyendo. Un mapa de conceptos debe ser tan claro que, aunque se borraran algunas palabras se pudieran volver a escribir fácilmente siguiendo la lógica del mapa.

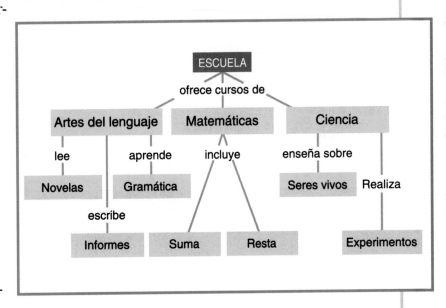

EXPLORANDO EL PLANETA
TIERRA

Cuando la nave espacial *Voyager* inició su épico viaje hacia los planetas del sistema solar, envió una fotografía de la Tierra y su luna. Durante sus 13 años de viaje, esta nave enviaría miles de imágenes asombrosas de los planetas lejanos y de sus lunas antes de desaparecer en el espacio. Pero entre todos los planetas y las lunas de los viajes del *Voyager*, el planeta Tierra es único.

 Desde la luna, la Tierra se ve como un planeta azul cubierto de agua y nubes blancas.

 Esta fotografía de las nubes cerca de la cumbre del Matterhorn, en Suiza, ilustra dos características de la Tierra—masas de tierra y una atmósfera. De todos los planetas, sólo la Tierra contiene agua.

De todos los planetas en nuestro sistema solar, sólo la Tierra tiene océanos y ríos de agua líquida en la superficie. Sólo la Tierra está rodeada por una cubierta de aire respirable. En las páginas que siguen, aprenderás sobre los océanos de la Tierra, sus lagos y ríos de agua dulce y la atmósfera que la rodea. También aprenderás sobre las masas continentales, las montañas, las llanuras y las mesetas. Y harás un viaje al centro de la Tierra para estudiar su interior.

El *Voyager* nos ha dado una visión muy útil de los mundos que forman la familia solar. En este libro explorarás el mundo que más nos interesa, nuestro hogar, el planeta Tierra.

Las enormes cataratas del Iguazú en el Brasil demuestran cómo el agua en movimiento modifica la superficie de la Tierra.

Para averiguar *Actividad*

Mapa del vecindario

En una hoja grande de papel blanco, dibuja con lápices de colores un mapa de tu vecindario. Indica la ubicación de las casas, las escuelas, las bibliotecas, las calles y otras características, así como rasgos naturales, como las masas de agua. Incluye una escala y una referencia para indicar la dirección.

■ Cambia tu mapa con el de un compañero. ¿Puedes encontrar tu camino con su mapa? ¿Puede tu compañero usar tu mapa para encontrar un lugar específico en tu vecindario?

■ ¿Qué características hacen que un mapa sea útil?

La atmósfera terrestre

Guía para la lectura

Después de leer las siguientes secciones, podrás

1–1 Panorama del planeta Tierra esferas dentro de una esfera

■ Describir algunas de las características principales de la Tierra.

1–2 Desarrollo de la atmósfera

■ Identificar los gases que se encuentran en la atmósfera terrestre.

■ Describir la atmósfera terrestre de los primeros tiempos y los procesos que la modificaron a lo largo del tiempo.

■ Explicar los ciclos del nitrógeno, del dióxido de carbono y del oxígeno.

1–3 Capas de la atmósfera

■ Comparar las distintas capas de la atmósfera.

1–4 La magnetosfera

■ Describir las características de la magnetosfera.

Los seres humanos han pisado la superficie de la luna. Aparatos han descendido sobre Marte y arañado su superficie. Satélites han sido lanzados en misiones fotográficas hacia las profundidades del espacio, más allá de los puntos más lejanos de nuestro sistema solar. Estos viajes de exploración han permitido que la mente, y a veces incluso el cuerpo de los seres humanos llegue muy lejos de la comodidad de su hogar terrestre.

La Tierra también es un planeta maravilloso en un viaje fantástico. En apenas un año, dará una vuelta completa alrededor del sol, llevándose consigo a ti, a tu familia, a tus amigos, y al resto de la humanidad, en un viaje fabuloso. La Tierra es en cierto sentido como una gigantesca nave espacial que transporta una carga especial de vida.

¿Por qué la Tierra es el único planeta de nuestro sistema solar capaz de sustentar vida? En este capítulo aprenderás acerca de la atmósfera, la cubierta especial de aire que rodea a nuestro planeta en su viaje por el espacio. La atmósfera es una de las razones por las cuales hay vida en la Tierra.

Diario *Actividad*

Tú y tu mundo ¿Has pensado alguna vez en ser astronauta? ¿Qué clase de formación profesional crees que necesitarías? ¿De qué manera crees que la vida en el espacio sería diferente de la vida en la Tierra? Haz un dibujo en tu diario de cómo crees que sería flotar en el espacio y describe algunas de las condiciones que esperarías encontrar.

◀ *Las nubes imponentes son un paisaje familiar de la atmósfera terrestre.*

Guía para la lectura
*Piensa en esta
pregunta mientras lees.*

▶ *¿Cuáles son algunas
características de la Tierra?*

1–1 Panorama del planeta Tierra: esferas dentro de una esfera

¿Has visto alguna vez una muñequita como la de la figura 1–1? Ella guarda algunas sorpresas bajo su cubierta de madera pintada. Cuando la abres, puedes ver que lo que parece una sola muñeca es en realidad una serie de muñecas que encajan una dentro de la otra. Estos juegos de muñequitas se hacen en Rusia y son parte de la cultura popular del pueblo ruso.

La Tierra se asemeja un poco a esas muñequitas. Lo que parece ser una simple estructura tiene, cuando se examina cuidadosamente, varias capas ocultas de complejidad. Y junto con esa complejidad tiene una impresionante belleza.

Tamaño de la Tierra

¿Qué tamaño tiene exactamente la Tierra? Su tamaño puede describirse con dos medidas: el diámetro y la circunferencia. El diámetro (o la distancia desde el Polo Norte hasta el Polo Sur a través del centro) es de aproximadamente 12,740 kilómetros. Cuando se compara con Júpiter, el planeta más grande del sistema solar, con un diámetro de 142,700 kilómetros, la Tierra no parece demasiado grande. Pero es el más grande de los planetas interiores—Mercurio, Venus, Tierra y Marte—del sistema solar. Por ejemplo, el diámetro de Marte es sólo la mitad del de la Tierra.

La circunferencia, o la distancia alrededor de la Tierra, tiene 40,075 kilómetros en el **ecuador**. El ecuador es una línea imaginaria que divide la Tierra en dos **hemisferios**, el Hemisferio Norte y el Hemisferio Sur. ¿En qué hemisferio vives?

Elementos de la Tierra: la litosfera, la hidrosfera y la atmósfera

La palabra tierra tiene muchos significados. Puede significar el suelo sobre el que caminas o en el que crecen las plantas. Pero más importante, la palabra Tierra puede significar tu planeta. Cuando

Figura 1–1 *Estas muñequitas son parte del folklore ruso. ¿Por qué son similares a la Tierra?*

Figura 1–2 *En esta fotografía de la Tierra tomada desde el espacio puedes ver la atmósfera, las masas terrestres y los océanos. ¿Cuánto mayor que su diámetro es la circunferencia de la Tierra?*

miras la Tierra desde el espacio, una forma relativamente nueva de mirarla, puedes apreciar su extraordinaria belleza y observar también los tres elementos principales que constituyen tu "hogar."

Las fotografías tomadas desde el espacio muestran que la Tierra es un hermoso planeta. Desde el espacio es posible ver fácilmente las masas terrestres de la Tierra. El contorno de los continentes, que en el pasado se veía solamente como dibujo bidimensional en los mapas, se hace real cuando se fotografía desde satélites. Es posible identificar claramente los océanos y las otras masas de agua que cubren alrededor del 70% de la superficie de la Tierra. Desde el espacio, es posible observar la atmósfera de la Tierra, aunque sólo indirectamente. Las nubes en la fotografía de la figura 1–2, que flotan libremente sobre la tierra y el mar, son parte de la atmósfera normalmente invisible que rodea la Tierra.

Los tres elementos principales de la Tierra son la tierra, el agua y el aire. Las zonas terrestres son parte de una capa sólida llamada la corteza. Incluyen los siete continentes y todas las demás masas terrestres, y son claramente visibles como parte de la superficie de la Tierra. Pero hay también masas terrestres, que no son visibles, debajo de los océanos y de los continentes. Aprenderás más sobre esta capa sólida de la Tierra en el capítulo 4. Los científicos llaman a todo el suelo del planeta la **litosfera,** que significa "esfera de piedra." ¿Por qué piensas que este nombre es apropiado?

El agua de la Tierra forma la **hidrosfera.** (El prefijo *hidro* significa agua.) Incluye los océanos, los ríos y los arroyos, los estanques y los lagos, los mares y las bahías y otras masas de agua. Parte de la hidrosfera está congelada en los casquetes polares, y también en icebergs y glaciares.

Te sorprenderá saber que alrededor del 97% de la hidrosfera consiste en agua salada. La sal más común del agua es el cloruro de sodio, que conoces

DATOS ACERCA DE LA TIERRA

Distancia desde el sol
Aproximadamente 150,000,000 de kilómetros

Diámetro a través del ecuador
12,756.32 kilómetros

Circunferencia en el ecuador
40,075.16 kilómetros

Superficie
Superficie terrestre, aproximadamente 148,300,000 kilómetros cuadrados, o un 30% de la superficie total; superficie cubierta de agua, alrededor de 361,800,000 kilómetros cuadrados, o alrededor del 70% de la superficie total

Período de rotación
23 horas, 56 minutos, 4.09 segundos

Revolución alrededor del sol
365 días, 6 horas, 9 minutos, 9.54 segundos

Temperatura
Más alta, 58 °C en Al Aziziyah (Libia); más baja, -90 °C en Vostok (Antártida); temperatura media de la superficie, 14°C

Punto más alto y más bajo
Más alto, monte Everest, 8,848 metros sobre el nivel del mar; más bajo, costa del mar Muerto, 396 metros bajo el nivel del mar

Profundidades oceánicas
Punto más profundo, fosa de las Marianas en el océano Pacífico al suroeste de Guam, 11,033 metros bajo la superficie; profundidad media del océano, 3,795 metros

Figura 1–3 *Estas extrañas formaciones rocosas del Parque Nacional de Canyonlands, en Utah, son parte de la corteza terrestre.*

como sal de mesa. Podrías creer que el 3% restante de la hidrosfera es agua dulce que los seres humanos pueden usar con distintos fines. Sin embargo, te equivocarías. Casi el 85% del agua dulce de la Tierra existe en forma de hielo en los grandes casquetes polares. Esto deja sólo el 15% del 3% como agua dulce líquida. Esta agua dulce líquida no está distribuida en forma pareja sobre la Tierra. Los desiertos tienen muy poca agua dulce, en tanto que las zonas tropicales tienen mucha. Recuerda tambien que es

Figura 1–4 *No dejes que este arroyo de California te engañe. La mayor parte del agua dulce de la Tierra está atrapada en los casquetes polares. Aquí ves el casquete polar del sur en la Antártida. ¿A qué esfera de la Tierra corresponden el agua dulce y el agua salada?*

el agua líquida lo que hace posible la vida en el planeta. Sin agua, no habría vida en la Tierra.

El oxígeno que respiras está en la última de las grandes esferas de la Tierra, la **atmósfera.** La atmósfera es la cubierta de gases que rodea la Tierra y la protege y proporciona también sustancias necesarias para sostener todas las formas de vida en el planeta. En las próximas tres secciones, aprenderás más sobre la atmósfera de la Tierra. En capítulos posteriores, aprenderás acerca de otras esferas de la Tierra.

1–1 Repaso de la sección

1. ¿Cuáles son los tres elementos principales de la Tierra?
2. ¿Qué porcentaje de la hidrosfera es agua dulce? ¿Qué porcentaje de la hidrosfera es agua que se puede beber?
3. ¿Cómo se llama la cubierta de gases que rodea la Tierra?

Conexión—*Astronomía*
4. *Viking* es el nombre de la nave espacial que exploró la superficie de Marte. Una de sus principales misiones era determinar si había vida en Marte. ¿Qué prueba crees que hizo *Viking* para obtener una respuesta a esta pregunta?

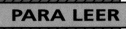

ACTIVIDAD

PARA LEER

Exploradores de la atmósfera, y más allá

En la segunda mitad del siglo XX se han hecho realidad muchos sueños. En este período, algunos hombres y mujeres valientes han dado los primeros pasos en la exploración del espacio. Tal vez quieras leer *The Right Stuff*, de Tom Wolfe. En este libro se relatan los primeros intentos de los Estados Unidos de explorar las nuevas fronteras del aire y del espacio y de hacer así muchos sueños realidad.

1–2 Desarrollo de la atmósfera

Cuando los astronautas caminan en el espacio, tienen que llevar trajes espaciales que les proporcionan una cubierta protectora, un medio artificial y temperaturas aceptables, así como humedad y oxígeno. Los trajes espaciales también protegen a los astronautas de los rayos ultravioletas dañinos del sol. De manera análoga, la atmósfera te protege y tambien aporta algunas de las sustancias necesarias para sostener vida en la Tierra.

Guia para la lectura
Piensa en estas preguntas mientras lees.

▶ *¿Cómo se compara la atmósfera actual con la de hace mucho tiempo?*

▶ *¿Qué gases existen en la atmósfera?*

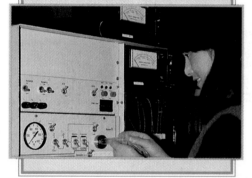

Las cámaras y otros instrumentos a bordo de los satélites han proporcionado muchos datos sobre la estructura y la composición de la atmósfera actual. A partir de esta información y de otros estudios, los científicos han imaginado cómo habría sido la atmósfera de la Tierra hace miles de millones de años. Están seguros de que la atmósfera ha cambiado mucho a lo largo del tiempo, ¡y creen que todavía está cambiando! ¿Cuáles son algunas de las condiciones que pueden haber modificado la atmósfera de la Tierra?

La atmósfera del pasado

Se cree que hace 4,000 millones de años la atmósfera terrestre contenía dos gases mortales: metano y amoníaco. El metano, que contiene los elementos carbono e hidrógeno, es una mezcla venenosa. El amoníaco, también venenoso, está compuesto de los elementos nitrógeno e hidrógeno. También había algo de agua en la atmósfera de hace 4,000 millones de años.

Como bien sabes, el aire ya no es mortal. Por el contrario, no puedes vivir sin él. ¿Cómo se produjo este cambio importante en la atmósfera?

Para explicarlo, debemos imaginarnos la atmósfera hace 3,800 millones de años. En ese entonces, la luz del sol desencadenó reacciones químicas entre el metano, el amoníaco y el agua del aire. Como resultado

Figura 1–5 *Los científicos usan una variedad de instrumentos para estudiar la atmósfera, entre ellos los globos aerostáticos y los satélites meteorológicos en órbita en el espacio. Los gases atrapados en los casquetes de hielo hace miles de años dan a los científicos un vislumbre de la antigua atmósfera de la Tierra.*

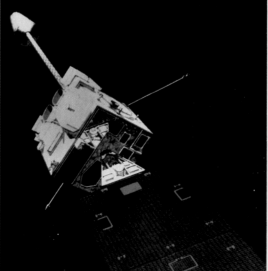

<figure>
Figura 1–6 *La concepción de un artista es del aspecto que podía haber tenido la Tierra hace miles de millones de años. ¿Cuáles son los dos gases mortales que eran comunes en la antigua atmósfera?*
</figure>

de esas reacciones químicas, se formaron nuevas sustancias en la atmósfera, entre ellas el nitrógeno, el hidrógeno y el dióxido de carbono. El metano y el amoníaco se descompusieron, pero el agua siguió presente.

El hidrógeno es un gas muy liviano, tan liviano que escapó la gravedad de la Tierra y desapareció en el espacio. Quedó así una abundancia de nitrógeno, además de dióxido de carbono y vapor de agua. En la partes superiores de la antigua atmósfera, la luz solar empezó a descomponer el vapor de agua en los gases hidrógeno y oxígeno. El hidrógeno volvió a escapar al espacio y los átomos de oxígeno empezaron a combinarse para formar un gas que se llama **ozono**. Con el tiempo se formó una capa de ozono unos 30 kilómetros por encima de la superficie de la Tierra.

La capa de ozono suele llamarse la "sombrilla" de la vida en la Tierra, porque absorbe la mayor parte de la dañina radiación ultravioleta del sol. Muy pocos seres podrían sobrevivir en la Tierra sin la protección de la capa de ozono.

Los únicos seres vivientes de la Tierra, antes de que se formara la capa de ozono, eran organismos microscópicos que vivían muy por debajo de la

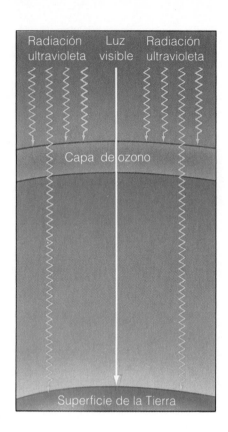

Radiación ultravioleta | Luz visible | Radiación ultravioleta

Capa de ozono

Superficie de la Tierra

Figura 1–7 *El ozono absorbe la mayor parte de la radiación ultravioleta nociva del sol antes de que llegue a la superficie terrestre. La capa de ozono no absorbe la luz visible.*

superficie de los océanos, donde estaban protegidos de la mayor parte de la radiación ultravioleta del sol. Después de la formación de la capa de ozono aparecieron en la superficie del agua algunos microorganismos llamados bacterias verdeazuladas, que utilizaban la energía solar para combinar el dióxido de carbono del aire con agua y producir alimentos.

Un subproducto de este proceso cambiaría para siempre el planeta. Ese subproducto era el oxígeno. A diferencia del ozono, que se formaba muy alto en la atmósfera, el oxígeno estaba cerca de la superficie terrestre. Ése sería el oxígeno que respirarían los animales.

Con el tiempo, empezaron a crecer en la tierra plantas verdes que también absorbían dióxido de carbono y liberaban oxígeno en su proceso de extracción de alimentos. El contenido de oxígeno de la atmósfera aumentó muchísimo. Más tarde, alrededor de 600 millones de años, las cantidades de oxígeno y de dióxido de carbono en la atmósfera empezaron a equilibrarse. Desde entonces, la composición de la atmósfera en general ha permanecido constante.

Figura 1–8 *Hace miles de millones de años, algunos organismos microscópicos, como las bacterias verdeazuladas, contribuyeron a cambiar la atmósfera de la Tierra al producir oxígeno como subproducto del proceso de alimentación. El aumento del oxígeno de la atmósfera permitió la evolución de las plantas verdes y de los animales que se alimentan de esas plantas.*

La atmósfera actual

La atmósfera que rodea actualmente la Tierra contiene los gases necesarios para la supervivencia de los seres vivos. El aire que respiras es uno de los recursos naturales más importantes de la Tierra. ¿De qué está compuesto el aire?

La atmósfera es una mezcla formada por los gases nitrógeno, oxígeno, dióxido de carbono, vapor de agua, argón y otros en cantidades muy pequeñas. El nitrógeno forma alrededor del 78% de la atmósfera, el oxígeno otro 21% y el 1% restante es una combinación de dióxido de carbono, vapor de agua, argón y otros gases. Entre éstos, que existen en cantidades muy pequeñas, están el neón, el helio, el kriptón y el xenón.

NITRÓGENO El gas más abundante de la atmósfera es el nitrógeno, que los seres vivos necesitan para formar proteínas. Las proteínas son compuestos complejos que contienen nitrógeno y son necesarios para el crecimiento y la reparación del cuerpo. Los músculos de tu cuerpo, al igual que la piel y los órganos internos, están formados principalmente de proteínas. Sin

Figura 1–9 *Este diagrama muestra el ciclo del nitrógeno. ¿Cómo vuelve el nitrógeno al suelo?*

Liberación de compuestos de nitrógeno

Volcán

Compuestos de nitrógeno

Nitrógeno en la atmósfera

Bacterias verde/azuladas que fijan nitrógeno

Hojas en descomposición

Bacterias que fijan nitrógeno en las raíces

Desechos

Animales muertos

Las bacterias descomponen los desechos y forman compuestos de nitrógeno

Sedimentos en las aguas poco profundas

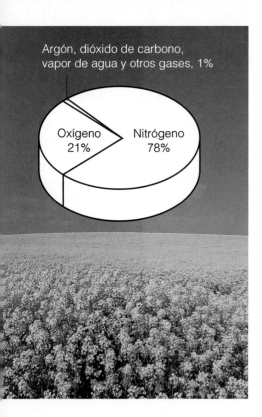

Argón, dióxido de carbono, vapor de agua y otros gases, 1%

Oxígeno 21%

Nitrógeno 78%

Figura 1–10 *La atmósfera es una mezcla de muchos gases. ¿Cuáles son los dos gases que forman la mayor parte de la atmósfera terrestre?*

embargo, las plantas y los animales no pueden usar el nitrógeno del aire directamente para formar proteínas. Algunas bacterias que viven en el suelo pueden combinar el nitrógeno de la atmósfera con otros productos químicos para formar compuestos llamados nitratos. Estas bacterias se llaman nitrificantes. Las plantas pueden usar esos nitratos para formar proteínas vegetales. Los animales obtienen las proteínas que necesitan al comer las plantas.

El nitrógeno vuelve a la atmósfera cuando los animales y las plantas mueren y se descomponen. La descomposición es la transformación de los organismos muertos, generalmente mediante bacterias, en sustancias químicas simples. Los organismos que producen la descomposición devuelven así el nitrógeno a la atmósfera. El movimiento del nitrógeno de la atmósfera al suelo, a los seres vivos y finalmente de vuelta a la atmósfera, constituye el ciclo del nitrógeno.

OXÍGENO El oxígeno es el segundo gas más abundante de la atmósfera. La mayoría de las plantas y los animales utilizan directamente el oxígeno de la atmósfera, que es esencial para la respiración. Al respirar, los seres vivos combinan químicamente el oxígeno con los alimentos. Esto descompone los alimentos y libera la energía que necesitan los seres vivos ¿Por qué crees que todos los seres vivos necesitan energía?

El oxígeno también es necesario para la combustión o la quema de combustibles como el petróleo, el carbón y la leña. No hay combustión sin oxígeno. Por esa razón, los bomberos usan agua o productos químicos especiales para combatir los incendios. El agua o esos productos químicos impiden que llegue oxígeno a las sustancias en combustión. Sin oxígeno, el fuego se extingue.

DIÓXIDO DE CARBONO Hay muy poco dióxido de carbono en la atmósfera. Sin embargo, el dióxido de carbono es una de las materias primas importantes que usan las plantas para producir alimentos.

Las plantas extraen el dióxido de carbono de la atmósfera durante el proceso de producción de alimentos. Éste vuelve a la atmósfera a través de la

Figura 1–11 *Las bacterias y otros organismos desempeñan un papel importante al extraer el nitrógeno y otras sustancias de los organismos muertos y devolverlos al medio ambiente.*

Dióxido de carbono utilizado por las plantas

Dióxido de carbono liberado por los animales

Dióxido de carbono producido por las hojas en decomposición

Oxígeno producido por las plantas

Oxígeno utilizado por los animales

Oxígeno de la producción de alimentos que pueden usar los animales

Dióxido de carbono de la respiración que pueden usar las plantas

respiración de las plantas y los animales. La descomposición de las plantas y los animales muertos también devuelve dióxido de carbono al aire.

Los científicos creen que la cantidad de dióxido de carbono que usan las plantas es igual a la que vuelve a la atmósfera a través de la respiración, la descomposición y otros procesos naturales. Pero la quema de combustibles fósiles como el petróleo y el carbón está añadiendo más dióxido de carbono a la atmósfera. Los científicos temen que el dióxido de carbono en la atmósfera aumente hasta alcanzar niveles que pueden ser peligrosos. Se han hecho estudios que muestran que al aumentar el dióxido de carbono la atmósfera retiene más energía térmica del sol. Un aumento en el nivel de dióxido de carbono en el aire podría elevar considerablemente la temperatura global de la Tierra.

VAPOR DE AGUA El vapor de agua de la atmósfera cumple un papel importante en el clima. Las nubes, la niebla y el rocío son condiciones climatológicas causadas por el vapor de agua en el aire. La lluvia y otras formas de precipitación (nieve, aguanieve y granizo) se producen cuando el vapor de agua forma gotitas lo suficientemente pesadas para caer. El vapor de agua contribuye también al calentamiento de la

Figura 1–12 *Las plantas y los animales intercambian constantemente dióxido de carbono y oxígeno. ¿Cómo vuelve el oxígeno a la atmósfera?*

Figura 1–13 *¿Dónde habrá más vapor de agua en la atmósfera, en los bosques pluviales de Hawai o en las dunas del Sahara?*

Pozo de actividades

Modelo de lluvia ácida, p. 166

ACTIVIDAD

PARA AVERIGUAR

¿Alguien quiere aire limpio?

1. Pon una fina capa de petrolato sobre tres láminas de microscopio limpias. Con el permiso de tu profesor(a), coloca las láminas en tres lugares de tu escuela o sus alrededores y déjalas ahí durante varios días.

2. Recoge las láminas y examínalas bajo el microscopio. Cuenta las partículas que encuentres y dibuja lo que observes.

¿Dónde estaba la lámina con menos partículas? ¿Dónde estaba la que tenía más partículas?

■ ¿Puedes explicar las diferencias?

atmósfera, ya que absorbe la energía térmica del sol. La cantidad de vapor de agua en la atmósfera varía de sitio en sitio. Los desiertos poseen generalmente muy poco vapor de agua en el aire, aunque la mayoría de los desiertos tienen estaciones lluviosas muy breves. En las regiones tropicales, puede haber hasta un 4% de vapor de agua en el aire. ¿En qué otro lugar de la Tierra encontrarías una gran cantidad de vapor de agua en la atmósfera?

PARTÍCULAS SÓLIDAS Hay muchas partículas sólidas pequeñísimas mezcladas con los gases del aire. Por ser tan pequeñas, pueden flotar con los movimientos del aire. Tal vez las hayas observado en el haz de luz de una linterna. Están compuestas de polvo, humo, suciedad e incluso trocitos pequeñísimos de sal. ¿De dónde vienen esas partículas?

Cada vez que se rompe una ola, partículas minúsculas de sal entran a la atmósfera y quedan suspendidas en el aire. Gran parte del polvo del aire proviene de erupciones volcánicas. En 1883, la erupción masiva del Krakatoa, un volcán de Indonesia, lanzó al aire enormes cantidades de polvo volcánico y otras sustancias. Como resultado de esa erupción, se oscurecieron los cielos en lugares tan distantes como Londres. La temperatura media de la Tierra disminuyó 1.5°C cuando el polvo volcánico de esa erupción llenó el aire, impidiendo que la luz del sol calentara la atmósfera. La gente añade también

Figura 1–14 *Los volcanes y las fábricas que queman combustibles fósiles arrojan partículas sólidas a la atmósfera. ¿Cómo contribuyen estos ciclistas en Holanda a mantener la atmósfera de la Tierra más limpia ?*

partículas de suciedad y de humo al aire al quemar combustibles y conducir automóviles y otros vehículos. Las fábricas y las centrales eléctricas que usan combustibles fósiles también arrojan partículas al aire. Sin embargo, hay nuevos tipos de chimeneas que reducen la cantidad de partículas lanzadas al aire "depurando" el humo antes de liberarlo en la atmósfera. ¿Puedes sugerir cosas que tú, tu familia y tus amigos podrían hacer para reducir la cantidad de partículas en el aire?

Figura 1–15 *Entre los contaminantes de la atmósfera están las partículas de asbesto (arriba) y las cenizas de la combustión del carbón (abajo).*

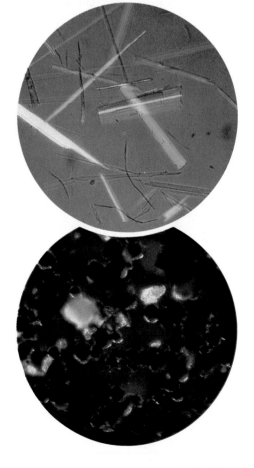

1–2 Repaso de la sección

1. ¿Cuáles eran los dos gases más abundantes en la atmósfera terrestre hace 4,000 millones de años?
2. ¿Cuáles son actualmente los cuatro gases más abundantes de la atmósfera?
3. Describe el ciclo del nitrógeno y el ciclo del agua. ¿Por qué es importante que algunas sustancias de la atmósfera se usen una y otra vez?
4. ¿Por qué preocupa a los científicos el aumento del dióxido de carbono en el aire?

Pensamiento crítico—*Relación de causa y efecto*
5. ¿Cómo han cambiado los organismos vivos la composición de la atmósfera a través del tiempo?

PROBLEMA ???
a resolver

Protección contra el sol

Toda la vida en la Tierra depende del sol, pero el sol también tiene peligros. Ya has aprendido que la capa de ozono actúa como una pantalla que protege a los organismos terrestres de la radiación peligrosa del sol. Casi diariamente, hay artículos en los diarios, revistas, programas de radio y televisión que hablan de los peligros para la capa de ozono que crean algunos productos químicos. En esta gráfica se muestran los efectos de limitar la liberación de productos químicos en la atmósfera que dañan la capa de ozono.

Interpretación de la gráfica

1. ¿Cómo ha cambiado la cantidad de productos químicos dañinos al ozono desde 1975 hasta 1985?

2. ¿Qué cantidad de productos químicos dañinos a la capa de ozono se prevee que haya en la atmósfera en 1995?

3. ¿Cómo se compara esta cantidad con la cantidad actual en la atmósfera?

4. En dos reuniones diferentes se propuso limitar la cantidad de productos químicos dañinos a la capa de ozono que se podrá lanzar a la atmósfera. ¿Qué pasaría con las cantidades de productos químicos dañinos a la capa de ozono presentes en el aire en el año 2005 según el convenio de Londres y el convenio de Montreal?

■ ¿Qué convenio ofrece más protección para la capa de ozono?

5. Por tu cuenta Averigua qué puedes hacer para limitar la cantidad de productos químicos dañinos al ozono en la atmósfera.

ATAQUE CONTRA LA CAPA DE OZONO

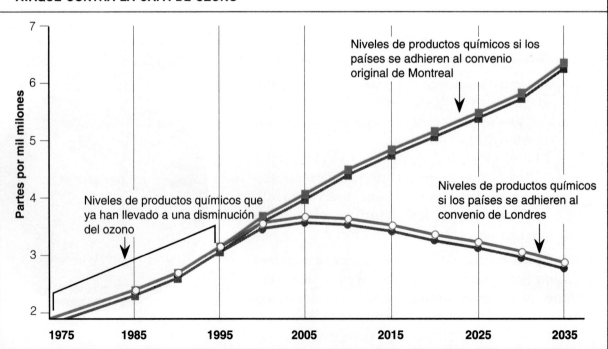

1–3 Capas de la atmósfera

Si pudieras elevarte desde la superficie de la Tierra hasta el borde del espacio ultraterrestre observarías muchos cambios en la atmósfera. Los gases, la temperatura y las fuerzas eléctricas y magnéticas de la atmósfera cambian a medida que aumenta la distancia de la superficie. Por ejemplo, hay menos oxígeno en la parte superior que en la parte inferior de la atmósfera. Tal vez hayas visto fotografías de personas con máscaras de oxígeno escalando montañas muy altas. Las necesitan porque a 5.5 kilómetros sobre la superficie de la Tierra sólo hay la mitad del oxígeno que hay en la superficie.

Si escalas una montaña muy alta, verás que a medida que asciendes el aire se enfría. A una altitud (altura sobre el nivel del mar) de 3 kilómetros, es probable que necesites una chaqueta abrigada para mantener el calor. La temperatura del aire baja a medida que aumenta la altitud porque el aire es menos denso. Hay menos y menos partículas de aire en una cantidad determinada de espacio. El aire menos denso no puede conservar tanto calor.

La atmósfera se divide en capas de acuerdo con los cambios importantes en su temperatura. Las capas de aire que rodean la Tierra están retenidas por la fuerza de gravedad, que hace que los objetos se atraigan entre sí. A causa de la gravedad, las capas de aire que rodean la Tierra ejercen presión sobre la superficie. Esto se llama **presión del aire.**

Las capas de aire superiores ejercen presión sobre las inferiores. Por eso la presión del aire cerca de la superficie de la Tierra es mayor que la presión más lejos de la superficie. Si has viajado en avión habrás sentido una sensación peculiar en tus oídos. Eso se debe al cambio en la presión del aire. ¿En qué otro lugar podrías experimentar un cambio en la presión del aire?

Es interesante observar que el 99% de la masa total de la atmósfera terrestre está por debajo de los 32 kilómetros de altitud. El 1% restante está en los cientos de kilómetros por encima de una altitud de 32 kilómetros.

Guía para la lectura

Piensa en esta pregunta mientras lees.

▶ *¿Qué relación guardan las capas de la atmósfera con la temperatura?*

PRESIÓN DEL AIRE Y ALTITUD

Altitud (en metros)	Presión del aire (g/cm2)
Nivel del mar	1034
3000	717
6000	450
9000	302
12,000	190
15,000	112

Figura 1–16 *Los montañistas necesitan abrigos y máscaras de oxígeno a grandes altitudes porque el aire es más frío y menos denso. ¿Cómo cambia la presión del aire a medida que aumenta la altitud?*

Figura 1–17.*Corrientes de convección en la atmósfera, causadas por el calor del sol, contribuyen a los cambios climáticos en la Tierra. ¿En que capa atmosférica ocurren mas cambios de clima?*

ACTIVIDAD

PARA AVERIGUAR

Gráfica de la temperatura

1. En tres momentos durante el día y durante la noche, mide la temperatura del aire con un termómetro exterior a un centímetro y a 1.25 metros sobre el nivel del piso. Registra la hora del día y la temperatura en ambos lugares.

2. En papel cuadriculado, indica la hora (eje de la x) y la temperatura (eje de la y) correspondiente a cada termómetro. Rotula ambas gráficas.

¿En qué lugar cambió más rápidamente la temperatura? ¿En qué lugar cambió más?

■ ¿Por qué piensas que la temperatura cambió de esa forma?

Supongamos que ahora puedes elevarte muy alto sobre la superficie de la Tierra a través de los niveles de la atmósfera. ¿Qué aspecto tendrá y qué se sentirá en cada capa? Cuando leas lo que sigue, te enterarás.

La troposfera

La capa de la atmósfera más cercana a la Tierra se llama **troposfera.** Es la capa en que vives. Casi todos los fenómenos meteorológicos se producen en la troposfera.

La altura de la troposfera varía del ecuador a los polos. En el ecuador, asciende a 17 kilómetros. Al norte y al sur del ecuador asciende a 12 kilómetros. En los polos, tiene entre 6 y 8 kilómetros de altura.

Cuando la energía térmica del sol viaja a través de la atmósfera, sólo una pequeña cantidad queda atrapada en ella. La mayor parte se absorbe en el suelo, que entonces calienta el aire que lo rodea. El aire caliente, que es menos denso, sube y es reemplazado por masas de aire frío, más densas. Se producen así corrientes de aire que llevan calor hacia la atmósfera. Estos movimientos del aire se llaman **corrientes de convección.** Tal vez hayas observado un horno de convección. Esos hornos tienen un ventilador que mueve continuamente el aire caliente sobre los alimentos, y éstos se cocinan en forma más rápida y pareja que en un horno convencional.

Recuerda que la temperatura disminuye al aumentar la altitud porque el aire es menos denso. La temperatura de la troposfera disminuye alrededor de 6.5°C por kilómetro sobre la superficie. Sin embargo, cuando se llega a los 12 kilómetros, la temperatura aparentemente deja de disminuir. La zona de la troposfera donde la temperatura se mantiene relativamente constante se llama la tropopausa y separa la troposfera de la capa que sigue de la atmósfera.

La estratosfera

La **estratosfera** se extiende desde la tropopausa hasta una altitud de unos 50 kilómetros. En la parte inferior de la estratosfera, la temperatura del aire permanece constante y muy fría (–60°C). Esta temperatura es igual a la más fría que se ha registrado fuera de la Antártida. Se registró en Snag, en el Territorio de Yukón (Canadá). La temperatura más fría registrada en el mundo (–90°C) se observó en Vostok, en la Antártida.

El aire de la estratosfera inferior no está quieto. Hay vientos muy fuertes que soplan horizontalmente hacia el este alrededor de la Tierra. Estos vientos, llamados **corrientes de chorro,** alcanzan velocidades de más de 320 kilómetros por hora. ¿Qué efecto crees que tienen las corrientes de chorro sobre el patrón climatologico de los Estados Unidos?

En la estratosfera hay una forma especial de oxígeno llamado ozono. Probablemente has olido el ozono, que tiene un olor fuerte y limpio, después de una tormenta o cerca de un motor eléctrico en funcionamiento. En ambos casos, el ozono se forma cuando la electricidad pasa a través de la atmósfera. En las tormentas, la electricidad se produce en forma de rayos y relámpagos.

La mayor parte del ozono de la atmósfera está en la capa de ozono situada entre 16 y 60 kilómetros

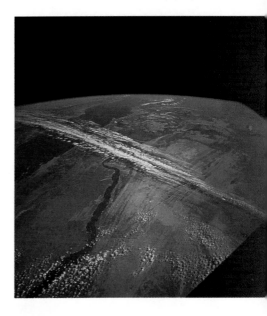

Figura 1–18 *Se producen corrientes de chorro cuando el aire frío de los polos se encuentra con el aire más caliente del ecuador. Esta corriente avanza sobre el valle del Nilo y el Mar Rojo.*

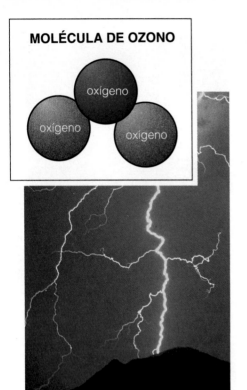

MOLÉCULA DE OZONO

oxígeno

oxígeno

oxígeno

Figura 1–19 *La capa de ozono forma una pantalla protectora en la estratosfera. El ozono, una molécula formada por tres átomos de oxígeno, se forma cuando pasan los relámpagos a través de la atmósfera.*

ACTIVIDAD

PARA CALCULAR

¿Qué espesor tienen las capas de la atmósfera?

La Figura 1–20 muestra las capas de la atmósfera terrestre y las alturas a que comienzan y terminan. Calcula el espesor medio de cada capa utilizando la información del diagrama.

sobre la superficie de la Tierra. Por debajo y por encima de esas altitudes, hay poco o ningún ozono. Aunque la cantidad total de ozono en la estratosfera es en realidad muy pequeña, el ozono es sumamente importante para la vida en la Tierra. El ozono actúa como una cubierta de la Tierra y absorbe la mayor parte de la radiación ultravioleta del sol. Esa radiación es dañina para los seres vivos. La exposición excesiva a la radiación ultravioleta (generalmente en la forma de quemaduras de sol) se ha vinculado con el cáncer de la piel.

Tal vez ya sepas que puedes sufrir una quemadura de sol en un día nublado, aunque parezca que hay muy poco sol. Los rayos ultravioletas pueden pasar a través de las nubes. La capa de ozono actúa de manera similar a una loción protectora. Sin ella, la mayoría de la radiación ultravioleta nociva llegaría a la superficie de la Tierra y siempre correrías un peligro mucho mayor de quemarte al sol.

El ozono es también responsable por el aumento de la temperatura que se produce en la parte superior de la estratosfera. Cuando el ozono reacciona a la radiación ultravioleta se produce calor. Esto calienta la estratosfera superior hasta alcanzar temperaturas de alrededor de 18°C. La zona en que la temperatura es más alta se llama la estratopausa y separa la estratosfera de la capa que sigue de la atmósfera.

La mesosfera

Encima de la estratopausa, la temperatura empieza a disminuir. Esta caída de la temperatura marca el comienzo de la **mesosfera,** que se extiende desde unos 50 kilómetros hasta alrededor de 80 kilómetros por encima de la superficie de la Tierra. La temperatura en la mesosfera desciende hasta –100°C. La región superior de la mesosfera es la más fría de la atmósfera. Si hay vapor de agua, se forman nubes delgadas de hielo. Puedes ver estas nubes cuando el sol las alumbra después de ponerse tras el horizonte.

La mesosfera ayuda a proteger la Tierra de objetos espaciales parecidos a rocas, conocidos como meteoritos. Cuando un meteorito entra a la atmósfera, se quema en la mesosfera. El calor causado por la fricción entre el meteorito y la atmósfera produce combustión. Por la

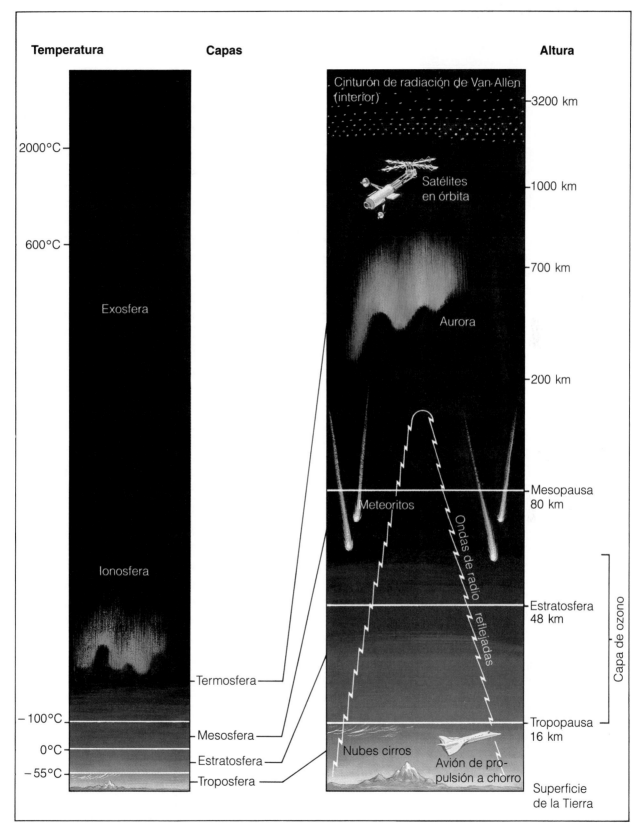

Temperatura

2000°C

600°C

− 100°C

0°C

− 55°C

Capas

Exosfera

Ionosfera

Termosfera

Mesosfera

Estratosfera

Troposfera

Altura

Cinturón de radiación de Van Allen (interior)

3200 km

Satélites en órbita

1000 km

700 km

Aurora

200 km

Mesopausa 80 km

Meteoritos

Ondas de radio reflejadas

Estratosfera 48 km

Capa de ozono

Tropopausa 16 km

Nubes cirros

Avión de propulsión a chorro

Superficie de la Tierra

Figura 1–20 *Aquí se indican las cuatro capas principales de la atmósfera y sus características. ¿En cuál capa vives tú? ¿En cuál capa es más alta la temperatura?*

Figura 1–21 *Un cráter de meteorito en Arizona, formado al caer un meteorito a la Tierra hace alrededor de 20,000 años.*

noche, puedes ver a veces una línea luminosa, o "una estrella fugaz" en el cielo. Lo que ves es la huella brillante de gases calientes y luminosos llamados meteoros.

La mayoría de los meteoritos se queman por completo cuando pasan a través de la atmósfera terrestre, pero algunos son bastante grandes para sobrevivir y llegar a la Tierra. Algunos meteoritos de gran tamaño han producido cráteres enormes en la Tierra. El más famoso es el cráter del meteorito Barringer en Arizona, que tiene 1.2 kilómetros de ancho. Los científicos estiman que el meteorito que causó ese cráter cayó a la Tierra hace menos de 20,000 años.

Cuando los satélites artificiales caen de su órbita, también se queman al pasar por la atmósfera. Sin embargo, algunos trozos del *Skylab* de los Estados Unidos y del *Cosmos* de la Unión Soviética llegaron a la superficie de la Tierra. ¿Por qué piensas que algunos meteoritos y satélites no se queman completamente al pasar a través de las capas de la atmósfera?

La termosfera

La **termosfera** empieza por encima de la mesosfera, a una altura de alrededor de 80 kilómetros. No tiene un límite superior bien definido. El aire en la termosfera es muy enrarecido. La densidad de la atmósfera y la presión del aire son sólo equivalentes a diez millonésimas partes de los de la superficie.

La palabra *termosfera* significa "esfera de calor" o "capa caliente". La temperatura en esta capa de la atmósfera puede llegar a 2000°C o más. Para darte una idea del calor, piensa que la temperatura en una fundición de acero llega a 1900°C. A esta temperatura, la mezcla de acero es líquida. Te preguntarás por qué la temperatura de la termosfera es tan alta. (Después de todo, en la mayor parte de la atmósfera, la temperatura disminuye a medida que aumenta la altitud.) El nitrógeno y el oxígeno de la termosfera absorben una gran cantidad de la radiación ultravioleta del espacio y la convierten en calor.

La temperatura de la termosfera se mide con instrumentos especiales, y no con un termómetro.

Figura 1–22 *Las temperaturas en la termosfera llegan a 2000 °C, mucho más altas que en una fundición de acero.*

Si se colocara un termómetro en la termosfera, registraría menos de 0°C. Esto puede parecer extraño, ya que la termosfera está tan alta. ¿Cómo puede entonces explicarse? La temperatura se mide por la velocidad con que se mueven las partículas del aire. Cuanto más rápido se mueven, más alta es la temperatura. Las partículas presentes en la termosfera se mueven muy rápido. En consecuencia, esas partículas están muy calientes.

Pero son muy pocas y están muy distantes unas de otras. No son bastantes para bombardear un termómetro y calentarlo. El termómetro registraría entonces temperaturas muy por debajo de los 0 °C.

LA IONOSFERA La termosfera inferior se llama la **ionosfera** y está de 80 a 550 kilómetros por encima de la superficie de la Tierra. Su tamaño varía con la cantidad de rayos ultravioletas y rayos X, que son dos tipos de energías invisibles emitidas por el sol.

Los óxidos de nitrógeno, el oxígeno y otras partículas de gas de la ionosfera absorben la radiación ultravioleta y los rayos X que emite el sol. Las partículas de gas se cargan de electricidad y las partículas cargadas de electricidad se llaman **iones.** De ahí el nombre ionosfera.

Los iones de la ionosfera son importantes para las comunicaciones de radio. Las ondas de radio de

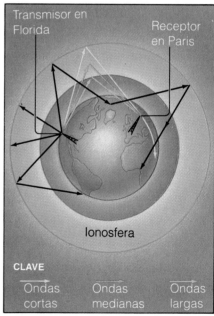

Figura 1–23 *Las ondas de radio rebotan en la ionosfera para transmitir mensajes de radio a través de los mares o los continentes. Hay tres tipos de ondas, y cada una viaja a una altura diferente de la ionosfera. ¿Porqué interfieren las tormentas del sol con la transmisión de las ondas de radio en la ionosfera?*

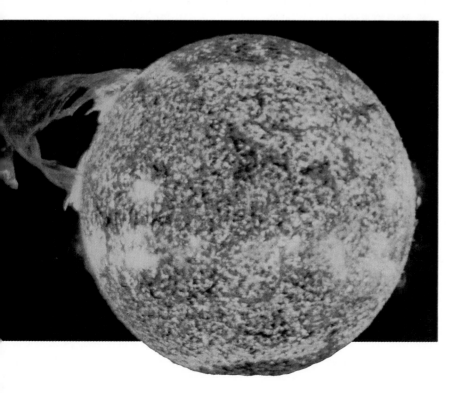

Figura 1–24 *Los satélites meteorológicos en órbita alrededor de la Tierra transmiten información utilizada por los científicos para vigilar las condiciones meteorológicas. ¿Qué clase de tiempo crees tú que hace en la región sureste de los Estados Unidos?*

AM rebotan en los iones de la ionosfera y vuelven a la superficie. Por esa razón, es posible enviar mensajes por radio de AM a grandes distancias.

Algunas veces, las perturbaciones en la superficie del sol, llamadas fulguraciones solares, hacen que aumente el número de iones de la ionosfera. Esto puede interferir con la transmisión de algunas ondas de radio.

LA EXOSFERA La parte superior de la termosfera, llamada **exosfera,** se extiende desde unos 550 kilómetros hasta miles de kilómetros por encima de la superficie de la Tierra. El aire en la exosfera está tan enrarecido que una partícula puede viajar grandes distancias sin chocar con otra.

Los satélites artificiales están en órbita en la exosfera. Los satélites desempeñan un papel importante en las transmisiones de televisión y en las comunicaciones telefónicas. ¿Te sorprende saber la gran distancia que recorre una llamada de larga distancia si la señal rebota en un satélite en la exosfera antes de llegar a la Tierra? También se usan satélites para vigilar las condiciones meteorológicas en el mundo 24 horas al día. Como el aire enrarecido de la exosfera hace que sea más fácil ver objetos en el espacio, esos satélites a menudo llevan telescopios.

1–3 Repaso de la sección

1. ¿Cómo se dividen las capas de la atmósfera? ¿Cuáles son las cuatro capas principales?
2. Identifica una característica de cada capa de la atmósfera. ¿Porqué es esa característica importante para ti en la Tierra?
3. ¿Por qué es importante el ozono para la vida en la Tierra?
4. ¿Por qué no se mide la temperatura de la termosfera con un termómetro?

Conexión—*Ecología*
5. Los científicos están preocupados por los "agujeros" que se están produciendo en la capa de ozono. En esos agujeros, la cantidad de ozono se ha reducido. Predice qué ocurriría con la vida en la Tierra si se agotara el ozono.

CONEXIONES

Los estornudos y las alergias

Ha vuelto la primavera. Los días son más largos y el sol más cálido y más brillante. Las plantas empiezan de nuevo a crecer. Después de los días cortos y fríos del invierno, la gente recibe la primavera como una promesa de la estación esperada. Pero para muchas personas, la primavera trae consigo el sufrimiento de las alergias. Una alergia es una reacción causada por un aumento de la sensibilidad a cierta sustancia. Con cada inhalación, los que padecen de alergias recuerdan las muchas causas naturales de la contaminación del aire.

Los granos de polen son un tipo de partícula que se encuentra normalmente en el aire. Son las células reproductivas masculinas de las plantas. En ciertos momentos del año, hay diferentes tipos de polen. Por ejemplo, los arces y los robles florecen a comienzos de la primavera y esparcen millones de granos de polen por el aire. Esos granos de polen son muy livianos y flotan en las corrientes de aire. Si una persona alérgica al polen de arce o de roble aspira esos granos de polen, algunas células de su sistema respiratorio reaccionan produciendo una sustancia llamada histamina. Esta sustancia hace que le chorree la nariz, le pique la garganta y le ardan los ojos.

Probablemente has oído nombrar la fiebre del heno. La fiebre del heno no es una fiebre ni es causada por el heno. Es otro ejemplo de una alergia, pero en este caso el culpable es el polen de la ambrosía, que también hace que se produzca histamina.

No hay una cura completa para las alergias. Si no es posible evitar un polen determinado, las personas alérgicas pueden tomar medicinas recetadas por su médico para aliviarse. Como puedes ver, para algunos, la belleza del mundo natural tiene peligros ocultos.

Polen de ambrosía (a la izquierda), planta ambrosía (a la derecha)

Guía para la lectura

*Piensa en esta pregunta
mientras lees.*

▶ *¿Cuáles son algunas
características del campo
magnético de la Tierra?*

1– 4 La magnetosfera

La zona que rodea la Tierra más allá de la atmósfera y donde actúa su fuerza magnética se llama **magnetosfera.** La magnetosfera empieza a unos 1000 kilómetros sobre la superficie y se extiende, del lado de la Tierra que da al sol, unos 4000 kilómetros en el espacio. Se extiende más al otro lado de la Tierra. Véase la figura 1–25. La diferencia en el tamaño de la magnetosfera se debe al viento solar, que es una corriente de iones en rápido movimiento que emite la capa exterior de la atmósfera solar. (Recordarás que los iones son partículas cargadas de electricidad comunes en la ionosfera.) El viento solar empuja la magnetosfera más lejos, hacia el espacio del lado de la Tierra opuesto al sol.

La magnetosfera está formada por protones con carga positiva y electrones con carga negativa. Los protones y los electrones son dos de las partículas más importantes que integran los átomos. Un átomo se considera el bloque básico de la materia, o la unidad más pequeña de que están formadas las sustancias. El sol emite protones y electrones, que son capturados por el campo magnético de la Tierra. Las partículas cargadas se concentran en cinturones o capas de alta

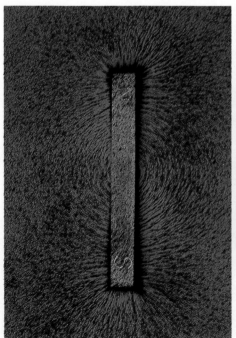

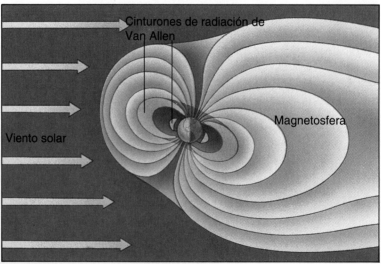

Figura 1–25 *La Tierra actúa como un imán gigantesco cuyas líneas de fuerza producen la misma configuración que un imán pequeño. ¿Por qué la magnetosfera formada por la Tierra se extiende más hacia un lado que hacia el otro?*

Figura 1–26 *Las partículas cargadas de electricidad del sol chocan con las partículas de la parte superior de la atmósfera y producen luces multicolores llamadas auroras. Aquí ves la aurora boreal.*

radiación que se llaman **cinturones de Van Allen**. Fueron descubiertos mediante satélites en 1958 y nombrados en homenaje a James Van Allen, cuyos trabajos llevaron a su descubrimiento.

Los cinturones de radiación de Van Allen presentan problemas para los viajeros espaciales. Es necesario programar los vuelos espaciales para evitar la radiación o proteger adecuadamente a los astronautas que viajan a través de los cinturones. Sin embargo, son importantes para la vida en la Tierra, porque atrapan otras radiaciones mortales.

Cuando hay una fulguración solar, la magnetosfera es bombardeada por grandes cantidades de partículas cargadas de electricidad del sol. Esas partículas quedan atrapadas en la magnetosfera, donde chocan con otras partículas de la atmósfera superior. Las colisiones hacen que las partículas atmosféricas emitan luces multicolores llamadas aurora boreal en el norte y aurora austral en el sur.

Tras un bombardeo intenso de partículas solares, que se llama a veces una tormenta solar, es posible que el campo magnético de la Tierra cambie temporalmente. Las brújulas no apuntan hacia el norte. Las señales de radio se interrumpen y las comunicaciones telefónicas y telegráficas también resultan afectadas.

1–4 Repaso de la sección

1. ¿De qué está formada la magnetosfera?
2. ¿Por qué son importantes los cinturones de radiación de Van Allen para la vida en la Tierra?
3. ¿Cómo los científicos pueden predecir cuándo se verá una aurora?

Pensamiento crítico—*Relacionar conceptos*
4. ¿Cómo contribuyó la tecnología al descubrimiento de los cinturones de radiación de Van Allen?

Investigación de laboratorio

Energía radiante y temperatura de la superficie

Problema

¿Afecta el tipo de superficie la cantidad de calor absorbido directa o indirectamente de la luz solar?

Materiales *(por grupo)*

10 termómetros
cronómetro o reloj con segundero
2 recipientes poco profundos con agua

Procedimiento

1. Coloca un termómetro sobre el césped al sol. Coloca un segundo termómetro sobre el césped a la sombra.

2. Coloca los demás termómetros—uno al sol y uno a la sombra—sobre la tierra, el cemento o el pavimento, y en el agua.

3. Después de 2 minutos, registra la temperatura en cada superficie.

4. Sigue registrando la temperatura en cada superficie cada 2 minutos durante un período de 10 minutos.

5. Registra los resultados en un cuadro similar al que se indica aquí.

Observaciones

1. ¿Qué superficie estaba más caliente? ¿Qué superficie estaba más fría?

2. ¿Cuántos grados cambió la temperatura en cada superficie al sol en el período de 10 minutos?

3. ¿Cuántos grados cambió la temperatura en cada superficie a la sombra en el período de 10 minutos?

Análisis y conclusiones

1. ¿Por qué piensas que la superficie más caliente estaba más caliente?

2. ¿Cómo explicas el cambio de temperatura en el agua?

3. ¿Qué conclusiones puedes extraer sobre la cantidad de energía térmica del sol que absorben las diferentes superficies?

4. **Por tu cuenta** ¿Cómo puedes aplicar estas observaciones al tipo de ropa que debe llevarse en un clima cálido? ¿En un clima frío? ¿De qué otras maneras afectan los resultados de esta investigación la vida de la gente?

Superficie	Temperatura al sol					Temperatura a la sombra				
	2 min	4 min	6 min	8 min	10 min	2 min	4 min	6 min	8 min	10 min
Césped										
Tierra										
Cemento										
Pavimento										
Agua										

Resumen de conceptos clave

1–1 Panorama del planeta Tierra: esferas dentro de una esfera

▲ Las partes sólidas de la Tierra forman la litosfera.

▲ Las partes de la Tierra formadas de agua constituyen la hidrosfera.

▲La cubierta de gases que rodea la Tierra es la atmósfera.

1–2 Desarrollo de la atmósfera

▲ Hace aproximadamente 3,800 millones de años, ciertas reacciones químicas desencadenadas por la luz solar produjeron nuevas sustancias en la atmósfera.

▲ La capa de ozono se describe a veces como una "sombrilla" para la vida en la Tierra. La capa de ozono absorbe gran parte de la radiación nociva del sol.

▲ La atmósfera actual consiste principalmente en nitrógeno, oxígeno, dióxido de carbono, vapor de agua, argón y varios otros gases en pequeñísimas cantidades.

1–3 Capas de la atmósfera

▲ Las cuatro capas principales de la atmósfera son la troposfera, la estratosfera, la mesosfera y la termosfera.

▲ Casi todos los fenómenos meteorológicos de la Tierra se producen en la troposfera.

▲ La temperatura disminuye al aumentar la altura en la troposfera. La zona de la troposfera donde la temperatura permanece relativamente constante se llama tropopausa.

▲ La mayor parte del ozono de la atmósfera está en una capa de la estratosfera.

▲ La mesosfera superior es la región más fría de la atmósfera.

▲ La termosfera está compuesta por la ionosfera y la exosfera.

1– 4 La magnetosfera

▲ La magnetosfera se extiende desde aproximadamente 1000 kilómetros de altitud hasta muy lejos en el espacio.

▲ Los cinturones de radiación de Van Allen son capas de alta radiación que se forman como resultado de la concentración de partículas cargadas.

Repaso de palabras claves

Define cada palabra o palabras con una oración completa.

1–1 Panorama de la Tierra: esferas dentro de una esfera

ecuador
hemisferio
litosfera
hidrosfera
atmósfera

1–2 Desarrollo de la atmósfera

ozono

1–3 Capas de la atmósfera

presión del aire
troposfera
corriente de convección
estratosfera
corriente de chorro
mesosfera
termosfera
ionosfera
ion
exosfera

1– 4 La magnetosfera

magnetosfera
cinturón de radiación de Van Allen

Repaso del capítulo

Repaso del contenido

Selección múltiple

Selecciona la letra de la respuesta que complete mejor cada frase.

1. La cubierta de gases que rodea la Tierra se llama
   a. litosfera.
   b. atmósfera.
   c. hidrosfera.
   d. ecuador.

2. Los océanos, los lagos y los casquetes polares son parte de
   a. la corteza.
   b. los argones.
   c. el agua dulce.
   d. la hidrosfera.

3. Hace 4,000 millones de años, la atmósfera de la Tierra contenía los siguientes gases mortales
   a. nitrógeno y oxígeno.
   b. metano y amoníaco.
   c. metano y oxígeno.
   d. nitrógeno y ozono.

4. El gas más abundante de la atmósfera es
   a. el oxígeno.
   b. el óxido de carbono.
   c. el argón.
   d. el nitrógeno.

5. La capa de la atmósfera donde la temperatura puede llegar a 2000°C se llama
   a. estratosfera.
   b. mesosfera.
   c. termosfera.
   d. troposfera.

6. La radiación ultravioleta del sol es absorbida por el ozono en
   a. la troposfera.
   b. la estratosfera.
   c. la termosfera.
   d. la ionosfera.

7. Los satélites artificiales están en órbita alrededor de la Tierra en la parte de la termosfera llamada
   a. ionosfera.
   b. mesosfera.
   c. exosfera.
   d. troposfera.

8. La parte inferior de la atmósfera se llama
   a. estratosfera.
   b. mesosfera.
   c. termosfera.
   d. troposfera.

Verdadero o falso

Si la afirmación es verdadera, escribe "verdad." Si es falsa, cambia las palabras subrayadas para que sea verdadera.

1. Casi el 85% del agua dulce de la Tierra está en forma de hielo.

2. La cubierta de gases que rodea a la Tierra se llama hidrosfera.

3. Muy pocos seres vivos podrían sobrevivir en la Tierra sin la presencia del metano, un gas que absorbe la radiación ultravioleta.

4. La magnetosfera es la zona que se extiende más allá de la atmósfera.

5. Las partículas con carga eléctrica se llaman moléculas.

6. A medida que aumenta la altitud, la temperatura del aire aumenta.

7. A causa de la cantidad cada vez mayor de combustibles fósiles que se queman, está aumentando el nivel de dióxido de carbono en el aire.

Mapa de conceptos

Completa el siguiente mapa de conceptos para la sección 1–1. Consulta las páginas 16 – 17 para construir un mapa de conceptos para todo el capítulo.

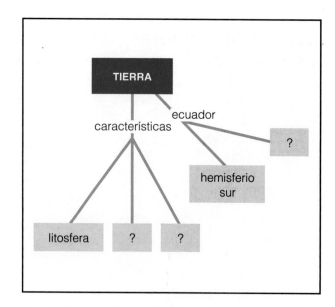

Dominio de conceptos

Comenta cada uno de los puntos siguientes en un párrafo breve.

1. ¿Cómo cambiaron los organismos vivos la antigua atmósfera de la Tierra?
2. ¿Cuál de los artículos siguientes sería útil para un astronauta en su viaje a Marte: una reserva de oxígeno, un traje espacial, protección contra la radiación?
3. ¿Cuáles son los cuatro gases más comunes en la troposfera? ¿En qué porcentaje están esos gases?
4. Explica por qué la presión del aire disminuye a medida que aumenta la altitud.
5. ¿Qué es la radiación ultravioleta? ¿Qué efecto tiene esta radiación sobre los seres vivos?
6. ¿Cómo han contribuido los satélites a nuestro conocimiento de la atmósfera?

Pensamiento crítico y solución de problemas

Usa las destrezas que has desarrollado en este capítulo para resolver lo siguiente:

1. **Aplicar conceptos** ¿Podría haber habido animales en la Tierra antes de que hubiera plantas verdes? Explica tu respuesta.
2. **Aplicar conceptos** El viaje desde Nueva York hasta San Francisco, en California, lleva aproximadamente 5 horas y 30 minutos. Sin embargo, el regreso de San Francisco a Nueva York lleva 5 horas. Utiliza tu conocimiento de la corriente de chorro para explicar la diferencia en el tiempo de viaje.

3. **Relacionar causa y efecto** Los científicos temen que algunos productos químicos que se descargan en la atmósfera hagan que disminuya el nivel de ozono. Piensa qué ocurriría con los seres vivos de la Tierra si siguiera disminuyendo la capa de ozono.
4. **Ordenar acontecimientos** Haz una serie de dibujos o de pequeños dioramas para mostrar cómo ha cambiado la atmósfera de la Tierra con el tiempo.
5. **Hacer diagramas** Los diagramas de las páginas 19 y 21 muestran los ciclos del nitrógeno y del oxígeno-dióxido de carbono. Usa esos diagramas como guía para hacer dibujos de cada ciclo tal como se produce en tus alrededores. Incluye las plantas y los animales que hay en tu zona.
6. **Usar el proceso de la escritura** Durante la vida de tus padres o tus profesores, el ser humano ha llegado a la luna. Entrevista a tus padres o a un profesor. Preguntales si vieron el primer paso en la luna. Haz que te describan lo que sintieron en ese momento. Organiza la información de la entrevista en la forma de un ensayo breve.

Océanos terrestres

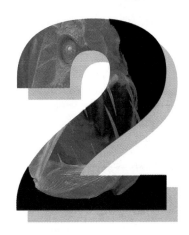

Guía para la lectura

Después de leer las siguientes secciones, podrás

Hay muchos seres extraños bajo las olas del océano. Algunos parecen recién salidos de una novela de ciencia ficción. El anoplogaster de la página opuesta es sólo un ejemplo. Mostrando sus dientes como agujas, este pez de 15 centímetros acecha su presa. Los alimentos son escasos en las aguas a 6000 metros de profundidad, donde vive este pez.

A estas profundidades, la temperatura del agua está casi en el punto de congelación y la presión es tremenda. En estas aguas negroazuladas donde no penetra el sol, el anoplogaster es un predador temible.

Hay en los océanos muchísimas formas de vida. Hay plantas unicelulares minúsculas que comparten las aguas saladas con ballenas inmensas. Una gran variedad de organismos obtienen los gases y los alimentos que necesitan de las aguas del océano. El océano desempeña también un papel importante para tu supervivencia. Es una fuente directa de alimentos y una fuente indirecta de agua dulce para todos los seres vivos.

En este capítulo aprenderás acerca de los océanos; de sus propiedades, de sus movimientos y de la tierra bajo ellos, tambien te familiarizarás con los múltiples seres vivos que habitan en los océanos.

Diario *Actividad*

Tú y tu mundo En 1492, Cristóbal Colón, viajando a través del Atlántico en buques empujados por el viento, tardó varias semanas en llegar al Nuevo Mundo. ¿Te hubiera gustado ser miembro de la tripulación de Colón? ¿Cómo crees que fue ese largo viaje? En tu diario, lleva durante una semana un diario como si fueras miembro de la tripulación de Cristóbal Colón.

El pequeño pero aterrador anoplogaster patrulla las profundidades oceánicas en busca de alimentos.

2–1 Los océanos del mundo

Supón que se hace un concurso en que se te pide que des un nuevo nombre a la Tierra. ¿Cómo la llamarías? Si miras la superficie de la Tierra desde el espacio, podrías llamarla Oceana. Este sería probablemente un buen nombre, porque alrededor del 71% de la superficie de la Tierra está cubierta por agua. En efecto, los océanos contienen la mayor parte del agua de la Tierra—alrededor del 97%. Aunque cada océano y cada mar tiene un nombre distinto, todos forman en realidad una masa continua de agua.

El Atlántico, el Índico y el Pacífico son los tres océanos principales. Otras masas de agua de mar, como el mar Mediterráneo, el mar Negro y el océano Ártico, se consideran partes del océano Atlántico. Un mar es una parte de un océano rodeada casi totalmente de tierra. ¿Puedes nombrar otros mares?

El océano Pacífico es el más grande de la Tierra. Su superficie y su volumen son mayores que los del océano Atlántico y el océano Índico combinados. El Pacífico es también el más profundo, con una profundidad media de 3940 metros. El Atlántico es el segundo en tamaño, con una profundidad media de 3350 metros. Aunque el océano Índico es mucho más pequeño que el Atlántico, su profundidad media es mayor.

El océano, que como sabes está formado de agua salada, cumple un papel importante en el ciclo del agua. En este ciclo, los rayos del sol calientan la superficie del océano. El calor hace que el agua se evapore y pase de la fase líquida a la gaseosa. El agua evaporada, que es agua pura y dulce, entra a la atmósfera como vapor de agua. Las sales quedan en el océano.

Los vientos arrastran gran parte del vapor de agua hacia la superficie terrestre. Parte del vapor del agua de la atmósfera se condensa en la forma de nubes y, cuando se producen las condiciones correctas, el agua cae en forma de precipitación (lluvia, nieve, aguanieve y granizo). Parte de esa agua corre hacia

Figura 2–1 *Observa los montículos formados por las olas del océano cerca de Big Sur, en California. ¿Qué porcentaje de la tierra está cubierta por agua?*

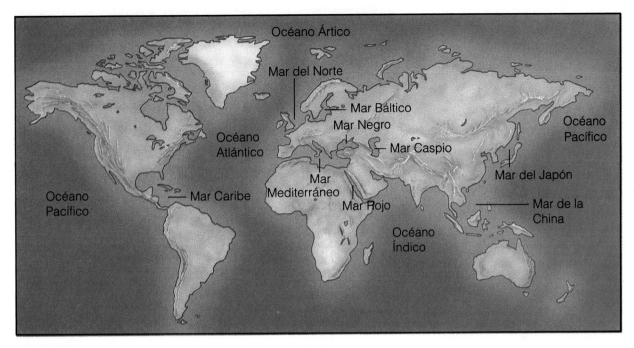

Figura 2–2 *Los principales océanos y mares del mundo son en realidad partes de una masa continua de agua. ¿Cuáles son los tres océanos principales?*

ríos y arroyos que vuelven a desembocar directamente en el océano. Otra parte se hunde entre las rocas y la tierra y pasa a formar parte de las aguas subterráneas debajo de la superficie de la Tierra. Como ves, el océano es una fuente de agua dulce para todos los seres vivos.

2–1 Repaso de la sección

1. ¿Cuáles son los tres océanos principales del mundo?
2. ¿Qué es un mar?
3. ¿Qué papel desempeña el océano como fuente de agua dulce para todos los seres vivos?

Pensamiento crítico—*Relacionar causa y efecto*
4. El estado de Washington está sobre el océano Pacífico. Algunas partes de este estado reciben grandes cantidades de lluvia durante todo el año. Trata de predecir qué partes recibirán más lluvia y explica por qué.

ACTIVIDAD
PARA ESCRIBIR

Un cuento muy salado

En el pasado, muchas personas que no comían pescado experimentaban un agrandamiento de la glándula tiroides. La tiroides está situada en el cuello y regula la absorción de los alimentos. Ese agrandamiento, que se llama bocio, es resultado de la carencia en el cuerpo de una sustancia química que se encuentra corrientemente en los alimentos provenientes del mar. Tal vez quieras buscar esa enfermedad en una biblioteca y averiguar el nombre de la sustancia química. Averigua a qué otro alimento suele añadirse a esta sustancia y comunica tus resultados a la clase.

Guía para la lectura

Piensa en estas preguntas mientras lees.

- *¿De qué se compone el agua marina?*
- *¿Cuáles son algunas características del agua marina?*

Figura 2–3 *El agua marina se compone de hidrógeno, oxígeno y aproximadamente 85 elementos más. De esos elementos, ¿cuáles son los más abundantes?*

PRINCIPALES ELEMENTOS DEL AGUA MARINA

Elemento	Porcentaje del total (%)
Oxígeno Hidrógeno	96.5
Cloro	1.9
Sodio	1.1
Magnesio Azufre Calcio Potasio Bromo Carbono Estroncio Silicio Flúor Aluminio Fósforo Yodo	0.5
	100

2–2 Propiedades del agua marina

El agua marina es una mezcla de gases y sólidos disueltos en agua pura. Los científicos que estudian el océano, u **oceanógrafos,** creen que contiene todos los elementos naturales que se encuentran en la Tierra. Se sabe que noventa elementos existen en la naturaleza. Hasta el momento, se han encontrado 85 en el agua marina, y los oceanógrafos confían en que al mejorar la tecnología podrán encontrar los demás.

Aproximadamente el 96% del agua marina es agua pura, o H_2O. Los elementos más abundantes en el agua marina son así el hidrógeno (H) y el oxígeno (O). El otro 4% consiste en elementos disueltos. En la figura 2–3 se enumeran los principales elementos del agua marina.

Las sales en el agua marina

El cloruro de sodio es la sal más abundante del agua marina. Si alguna vez has tragado por accidente agua del mar, has reconocido probablemente el sabor del cloruro de sodio, que es por cierto la sal común de mesa. Se compone de los elementos sodio y cloro.

El cloruro de sodio es sólo una de las muchas sales disueltas en el agua marina. En la figura 2–4 se muestran las demás. Los oceanógrafos usan el término **salinidad** para describir la cantidad de sales disueltas en el agua. La salinidad es el número de gramos de sales disueltas en 1 kilogramo de agua. Cuando el agua marina se evapora, quedan 35 gramos de sal. De esos 35 gramos, 27.2 son cloruro de sodio. ¿Cuántos son cloruro de magnesio?

La salinidad del agua marina se expresa en partes por mil y va de 33 a 37 partes por mil. La salinidad media es de 35 partes por mil.

Las sales y otros materiales disueltos en el agua marina provienen de varias fuentes. Una fuente muy importante es la actividad volcánica en el océano. Cuando un volcán entra en erupción, escupe rocas y gases que se disuelven en el agua. El cloro en forma de gas es una substancia añadida al agua marina como resultado de la actividad volcánica.

Figura 2-4 *Aquí se indican las cantidades, en partes por mil, de las siete sales más abundantes del agua marina. ¿Cuáles son las tres más comunes?*

Agua
96.5%

Sales 3.5%

Cloruro de sodio	27.2 0/00
Cloruro de magnesio	3.8 0/00
Sulfato de magnesio	1.7 0/00
Sulfato de calcio	1.3 0/00
Sulfato de potasio	0.9 0/00
Carbonato de calcio	0.1 0/00
Bromuro de magnesio	0.1 0/00

Otra fuente de materiales disueltos es la erosión causada por los ríos, los arroyos y los glaciares a medida que avanzan sobre las rocas y el suelo. El sodio, el magnesio y el potasio llegan así al mar.

La acción de las olas que se rompen contra la costa es también una fuente de sales y otros materiales disueltos. Al golpear la costa, las olas disuelven las sales contenidas en las rocas.

En la mayor parte del océano, la salinidad es aproximadamente igual. Pero en algunas zonas hay una cantidad mayor o menor de sales disueltas que causan diferencias en la salinidad. Hay muchas razones que explican estas diferencias. La salinidad es mucho menor en las zonas en que hay ríos de agua dulce que desembocan en el océano. Esto es especialmente cierto en los casos de estos ríos: el Misisipí, el Amazonas y el Congo. ¿Puedes sugerir una razón por esta menor salinidad? En esos lugares se vuelcan en el océano enormes cantidades de agua dulce que diluyen la cantidad normal de sales del agua marina.

En las zonas cálidas donde hay poca lluvia y mucha evaporación, la cantidad de sales disueltas es mucho mayor que el promedio y la salinidad es en consecuencia mayor. También es mayor en las regiones polares, donde las temperaturas son suficientemente frías para que el agua se congele. Cuando el agua

Figura 2–5 *Una fuente de los minerales del agua marina es la erosión de los acantilados por las olas.*

Figura 2–6 *La salinidad del océano es bastante constante. Sin embargo, donde los ríos vuelcan agua dulce cargada de sedimentos en el océano, la salinidad se reduce. Los animales oceánicos como estas conchas también reducen la salinidad.*

marina se congela, se elimina agua pura y quedan las sales.

Los científicos creen que la salinidad del agua también es afectada por los animales. Algunos, como las almejas y las ostras, usan sales de calcio para formar sus conchas. Dado que obtienen esas sales del océano, reducen con ello la salinidad del agua.

Los gases del agua marina

Los gases más abundantes del agua marina son el nitrógeno, el dióxido de carbono y el oxígeno. Dos de ellos, el dióxido de carbono y el oxígeno, son vitales para la vida marina. La mayor parte de las plantas obtienen dióxido de carbono del agua y lo usan para producir alimentos. En presencia de la luz solar, las plantas combinan el dióxido de carbono con agua para formar azúcares. Durante este proceso, se libera oxígeno en el agua. Las plantas y los animales utilizan el oxígeno para descomponer los alimentos y obtener energía para todas las funciones vitales.

Hay más nitrógeno, dióxido de carbono, oxígeno y otros gases cerca de la superficie, donde la luz solar penetra fácilmente y abundan las plantas. La abundancia de plantas asegura un gran suministro de oxígeno, ciertamente mucho más del que hay en las profundidades. ¿Puedes explicar por qué?

La cantidad de gases disueltos también se ve afectada por la temperatura. El agua tibia retiene menos gases disueltos que el agua fría. Cuando el agua marina se enfría, como ocurre en las regiones polares, se

hunde. (El agua fría es más densa, o más pesada, que el agua caliente.) Llega así agua rica en oxígeno a las profundidades marinas y, como resultado de esto, hay peces y otros animales que pueden vivir en zonas profundas del océano.

La temperatura del agua marina

El sol es la principal fuente de calor para el océano. Puesto que la energía solar entra al océano en la superficie, la temperatura es allí mayor. Los movimientos del océano, como las olas y las corrientes, mezclan el agua de la superficie y transfieren el calor hacia abajo. La zona donde el agua es mezclada por las olas y las corrientes se llama **zona superficial** y se extiende hasta una profundidad de por lo menos 100 metros y a veces hasta 400 metros.

La temperatura del agua permanece constante en la zona superficial y no cambia mucho con la profundidad, pero sí según el lugar y la estación del año. El agua cerca del ecuador está más caliente que el agua en las regiones situadas más al norte y más al sur. En el verano, la temperatura del agua es más alta que en el invierno. Por ejemplo, la temperatura del agua en el verano cerca de la superficie del mar Caribe puede ser 26 °C. Más al norte, en la costa de Inglaterra, la temperatura cerca de la superficie puede ser 15°C. ¿Qué crees que pasa con la temperatura del agua en estos dos lugares durante el invierno?

Debajo de la zona superficial, la temperatura del agua baja muy rápidamente. Esta zona de rápido cambio de temperatura se llama **termoclina**. La termoclina no empieza a una profundidad específica. Las estaciones y el flujo de las corrientes alteran su profundidad.

La termoclina existe porque el agua tibia de la superficie no se mezcla fácilmente con el agua fría de las profundidades. La diferencia en las densidades del agua caliente y el agua fría impide que se mezclen. El agua caliente menos densa flota sobre el agua fría más densa.

La termoclina forma una zona de transición entre la zona superficial y la **zona profunda**. La zona profunda es una región de aguas extremadamente frías que se extiende desde la parte inferior de la termoclina hasta profundidades de 4000 metros o más. En la zona fría, la temperatura sólo disminuye ligeramente.

ACTIVIDAD

PARA AVERIGUAR

Un sorbo de agua fresca

■ Usa tu conocimiento de las propiedades del agua salada para idear un procedimiento para obtener agua potable del agua marina mediante la congelación. Describe los pasos a tu profesor(a) y, con su permiso, somete a prueba tu procedimiento utilizando lo siguiente: disuelve 3 gramos de sal de mesa en 100 mililitros de agua. Comunica tus resultados

Figura 2–7 *Hay tres zonas de temperatura en el océano.*

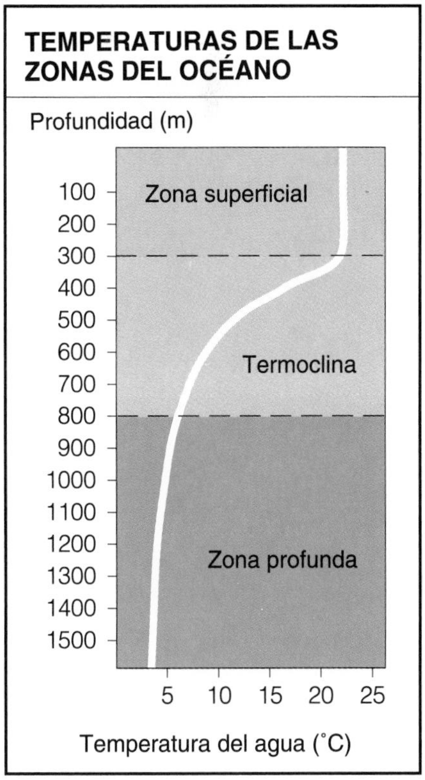

TEMPERATURAS DE LAS ZONAS DEL OCÉANO

Profundidad (m)

Zona superficial

Termoclina

Zona profunda

Temperatura del agua (°C)

Figura 2–8 *Las temperaturas del océano varían desde el mar Caribe, pasando por los arrecifes blancos de Dover, hasta las regiones polares. Observa las bacterias verdeazuladas cerca de la superficie congelada del lago Hoare, en la Antártida.*

Por debajo de los 1500 metros, la temperatura está alrededor de 4 °C. La mayor parte del agua marina está en consecuencia apenas por encima del punto de congelación (0°C).

En las regiones polares no existen las tres zonas del océano. En los océanos Ártico y Antártico, el agua de la superficie está siempre muy fría y la temperatura sólo cambia ligeramente al aumentar la profundidad.

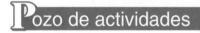

Pozo de actividades

O nadas o te hundes. ¿Es más fácil flotar en agua fría o en agua caliente?, p. 167.

2–2 Repaso de la sección

1. ¿De qué está formada el agua marina?
2. ¿Qué es la salinidad?
3. ¿Cuáles son los tres gases más abundantes del agua marina?
4. ¿Cuáles son las tres zonas del océano? ¿En qué propiedad del agua marina se basan estas zonas?

Pensamiento crítico—*Aplicar conceptos*
5. Los peces obtienen el oxígeno que necesitan del agua. ¿Esperarías encontrar más peces cerca del ecuador o en las zonas del océano más al norte o al sur del ecuador? Explica tu respuesta. (*Pista*: Ten presente el efecto de la temperatura sobre la cantidad de gases que pueden disolverse en el agua.)

2-3 El fondo marino

La descripción de la forma de los fondos marinos y de sus características principales se llama topografía. La topografía de los fondos oceánicos es diferente de la de los continentes. Los fondos oceánicos tienen montañas más altas, cañones más profundos y llanuras más grandes y más planas que los continentes. También tienen más volcanes, hay más terremotos bajo el océano que sobre la tierra. Las rocas que forman los fondos oceánicos son muy diferentes de las que forman la corteza de los continentes. La corteza de la Tierra es mucho más delgada bajo el océano que bajo los continentes.

Bordes continentales

En los continentes hay un límite en que se encuentran la tierra y el océano. Ese límite se llama **costa** y marca la posición media del nivel del mar. No marca el final del continente.

El borde de los continentes se extiende en el océano. La zona donde el borde submarino de un continente se encuentra con el fondo del océano se llama un **margen continental**. Aunque los márgenes continentales forman parte de los fondos oceánicos, son más parte de la tierra que del océano.

Un margen continental consiste generalmente en una plataforma continental, un talud continental y un glacis continental. Los sedimentos arrastrados del suelo se depositan en estas partes del margen continental.

La parte relativamente plana del margen continental cubierta de agua poco profunda se llama **plataforma continental.** Una plataforma continental tiene generalmente un declive suave, que suele ser de 1.2 m por cada 100 m desde la costa.

El ancho de la plataforma continental varía. En la costa del Atlántico se extiende más de 200 kilómetros, y en la costa ártica de Siberia más de 1200 kilómetros en el océano, pero en la costa sudeste de Florida casi no hay plataforma continental.

Figura 2–9 *Una torre de petróleo busca el petróleo atrapado bajo el fondo del océano en la plataforma continental.*

ACTIVIDAD

PARA LEER

La gran ballena

Moby Dick es una de las historias más maravillosas escritas en inglés. En esta historia sobre el mar y las ballenas se describe una época en que muchas personas se ganaban la vida cazando ballenas enormes. Tal vez quieras leer este libro de Herman Melville y relatar su contenido a tu clase.

Las mejores zonas pesqueras del océano están en las aguas sobre las plataformas continentale. También en las plataformas continentales hay grandes depósitos de minerales, así como de petróleo y gas natural. A causa de la presencia de estos preciosos recursos, muchos países han extendido sus fronteras naturales para incluir la plataforma continental cercana a sus costas.

En el borde de una plataforma continental, el fondo del océano se hunde bruscamente 4 ó 5 kilómetros. Esta parte del margen continental se llama **talud continental** y marca el límite entre la corteza continental y la corteza oceánica. El talud continental está separado del fondo del océano por un **glacis continental**. En la figura 2–10 puedes ver las partes de un margen continental y otras características del fondo del océano.

Un glacis continental está formado de grandes cantidades de sedimentos que contienen pequeños trozos de piedra y restos de plantas y animales arrastrados desde el continente y el talud continental. Algunas veces los sedimentos son arrastrados en masas de agua llamadas **corrientes turbias**. Ésta es una corriente de agua con grandes cantidades de sedimentos. Es como una avalancha submarina.

Figura 2–10 *En esta ilustración se pueden ver las características principales del fondo del océano. ¿Cuáles son algunas de ellas?*

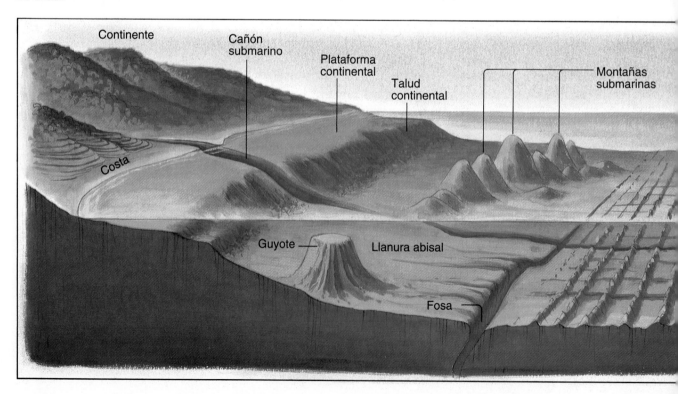

En muchas zonas hay **cañones submarinos** que atraviesan una plataforma y un talud continental. Esos cañones son valles profundos en forma de V cortados en la roca. Algunos son muy profundos. Por ejemplo, el cañón submarino de Monterrey, cerca de la costa de California, tiene más de 2000 metros. ¡Es más profundo que el Gran Cañón!

Muchos científicos creen que los cañones submarinos están formados por corrientes turbias poderosas. También pueden ser causados por terremotos u otros movimientos que se producen en la plataforma continental. Los científicos todavía tienen mucho que aprender sobre el origen y la naturaleza de los cañones submarinos.

Características del fondo del océano

Los científicos han identificado varias características importantes del fondo del océano (que también se llama lecho oceánico.) Mira la figura 2–10 mientras lees acerca de esas características.

LLANURAS ABISALES Las grandes zonas planas del fondo del océano se llaman **llanuras abisales**. Estas llanuras son mayores en el Atlántico y en el Índico que en el Pacífico. Los científicos creen que la diferencia en tamaño se debe a dos razones.

Figura 2–11 *Estos buceadores están explorando un cañón submarino en la plataforma continental. ¿Cómo se forman los cañones submarinos?*

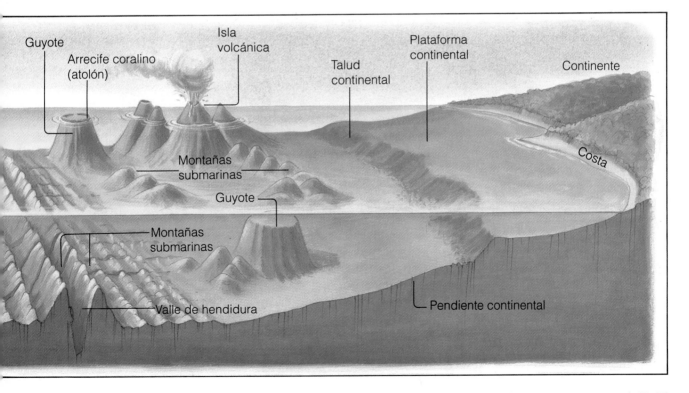

Guyote

Arrecife coralino (atolón)

Isla volcánica

Montañas submarinas

Montañas submarinas

Guyote

Valle de hendidura

Talud continental

Plataforma continental

Continente

Costa

Pendiente continental

Figura 2–12 *El sumergible* Alvin *busca organismos raros en los sedimentos que cubren las llanuras abisales.*

En primer lugar, los ríos más grandes del mundo desembocan directa o indirectamente en el océano Atlántico y el océano Índico. Entre ellos están el Misisipí, el Congo, el Nilo y el Amazonas, que desembocan en el Atlántico, y el Ganges y el Indo, que desembocan directamente en el océano Índico. Estos grandes ríos, y muchos otros más pequeños, depositan grandes cantidades de sedimentos en las llanuras abisales.

En segundo lugar, el fondo del Pacífico contiene muchas grietas profundas en los bordes de los continentes. Estas grietas largas y estrechas atrapan sedimentos arrastrados por el talud continental.

Mediante perforaciones submarinas y equipo de detección de ondas sonoras se ha observado que los sedimentos de las llanuras abisales cerca de los continentes consisten en capas espesas de barro, arena y cieno. Más lejos, los sedimentos contienen restos de organismos pequeñísimos, tan pequeños que sólo pueden verse con la ayuda de un microscopio. Forman un sedimento llamado légamo. Cuando la vida marina no es abundante, el fondo está cubierto de un sedimento llamado arcilla roja, formado por los sedimentos arrastrados por los ríos.

MONTAÑAS SUBMARINAS Y GUYOTES Dispersas en los fondos marinos hay miles de **montañas submarinas.** Son montañas volcánicas que se elevan más de mil metros por encima del fondo circundante, con laderas pronunciadas que llevan a una cumbre estrecha. Hasta el momento, los oceanógrafos han encontrado más de 1000 montañas submarinas y esperan encontrar miles más en el futuro, a medida que se exploran más zonas del océano. Se han encontrado muchas más en el Pacífico que en el Atlántico o el Índico.

Algunas montañas submarinas llegan a la superficie del océano y forman islas. Las islas Azores y de la Ascensión en el océano Atlántico son ejemplos de islas volcánicas. Probablemente las más notables y más conocidas de las islas volcánicas son las de Hawai, en el Pacífico. La isla de Hawai es la cumbre de un gran volcán que se eleva más de 9600 metros sobre el fondo del océano. Es la montaña más alta de la Tierra cuando se mide desde su base en el fondo del océano hasta su pico sobre la superficie.

ACTIVIDAD

PARA PENSAR

Paseo bajo el mar

Imagina que se ha secado toda el agua de los océanos de la Tierra. Pueden verse ahora todos los rasgos que estaban ocultos bajo las olas. Tú y un amigo deciden dar un paseo sobre el fondo seco del océano. Elige un punto de partida y un destino. Describe en un informe los rasgos del fondo del océano que observes en tu viaje.

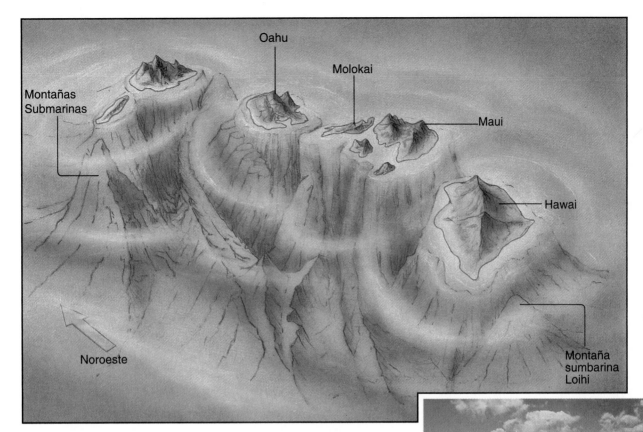

Oahu

Molokai

Maui

Montañas
Submarinas

Hawai

Noroeste

Montaña
sumbarina
Loihi

Figura 2–13 *La isla hawaiana de Kauai es la cumbre de una montaña submarina que se extiende por encima de la superficie del océano. La edad de las islas de Hawai aumenta hacia el noroeste. La montaña submarina Loihi, cerca de la costa de Hawai, está creciendo lentamente y llegará a ser en algún momento la más nueva de las islas de Hawai (arriba).*

A mediados de los años 40, los científicos descubrieron que muchas montañas submarinas no tienen pico y terminan en cambio en una cima plana. Estas montañas se llaman **guyotes**. Los científicos creen que las cimas planas son resultado de la erosión de las olas, que rompieron el pico de las montañas submarinas que estaban en un momento al nivel del mar. Más tarde, esas montañas volcánicas planas quedaron sumergidas.

FOSAS Las partes más profundas de los océanos no están en el medio de los fondos marinos. Se encuentran en **fosas** a lo largo de los bordes de los océanos. Las fosas son grietas largas y estrechas que pueden tener más de 11,000 metros de profundidad.

El Pacífico tiene más fosas que los demás océanos. La Fosa de las Marianas, en el Pacífico, contiene el punto más profundo que se conoce en la Tierra. Ese punto, llamado Challenger Deep tiene más de 11,000 metros de profundidad. Para darte una idea de su profundidad, piensa que el

PRINCIPALES FOSAS SUBMARINAS	
Fosa	Profundidad (metros)
Océano Pacífico	
Aleutias	8100
Kurile	10,542
Japón	9810
Marianas (Challenger Deep)	11,034
Filipinas	10,497
Tonga	10,882
Kermadec	10,800
Perú-Chile	8055
Mindanao	10,030
Océano Atlántico	
Puerto Rico	8648
Sandwich del Sur	8400

Figura 2–14 *Las fosas oceánicas son las partes más profundas de los fondos marinos. ¿En qué océano, el Atlántico o el Pacífico, hay más fosas?*

edificio Empire State, en Nueva York, tiene unos 430 metros de altura. ¡Se necesitarían 26 edificios como éste para llegar a la superficie desde el fondo de Challenger Deep!

CORDILLERAS MESOOCEÁNICAS Algunas de las montañas más grandes de la Tierra están bajo el mar. Estas **cordilleras mesooceánicas** forman un cinturón montañoso casi continuo que se extiende desde el océano Ártico, pasando por medio del Atlántico, alrededor de África hacia el océano Índico y luego a través del Pacífico rumbo al norte hasta América del Norte. En el Atlántico, el cinturón montañoso se llama Cordillera Mesoatlántica. En el Pacífico se llama Cordillera Pacífico-Antártica o del Pacífico Oriental.

Las cordilleras mesooceánicas son diferentes de las terrestres. ¿Por qué? Las cordilleras terrestres se forman cuando la corteza de la Tierra se pliega y se comprime. Las cordilleras mesooceánicas son zonas en que los materiales fundidos (o el líquido caliente) de las profundidades de la Tierra fluye a la superficie. En la superficie, se enfría y se apila para formar una nueva corteza.

Figura 2–15 *Este mapa muestra la topografía de los fondos marinos.*

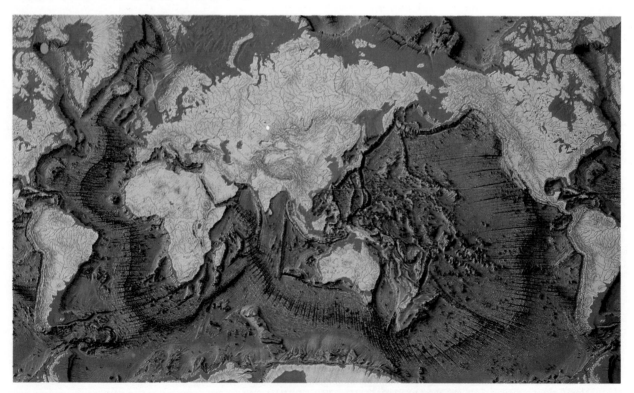

Figura 2–16 *Esta ilustración muestra un submarino sobre un valle de hendidura rodeado de montañas que forman parte de un sistema de cordilleras submarinas. En la parte central puedes ver rocas derretidas que se han enfriado. Estas rocas (véase arriba) se convertirán en algún momento en el nuevo fondo marino.*

Junto a las cordilleras mesooceánicas, entre filas de montañas casi paralelas, hay grietas profundas, o valles de hendidura. Esos valles tienen entre 25 y 50 kilómetros de ancho y 1 o 2 kilómetros de profundidad con respecto a la base de las montañas que los rodean. Son regiones de gran actividad volcánica y terremotos. Es posible que marquen el centro de las zonas donde se forma nueva corteza. Los científicos han aprendido acerca de los cambios en la corteza de la Tierra estudiando las rocas de las cordilleras mesooceánicas y sus alrededores. ¿Por qué crees que lo hacen?

ARRECIFES A veces se ven islas volcánicas de aspecto extraño en las aguas tropicales cerca de una plataforma continental. Alrededor de esas islas hay grandes masas de piedra caliza. Esas estructuras contienen las conchas de animales y se llaman **arrecifes coralinos.** Los organismos que forman los arrecifes no pueden sobrevivir en aguas a menos de 18°C, por eso los arrecifes se encuentran solamente en aguas tropicales. Hay arrecifes en las partes más cálidas del Pacífico y el Caribe. Los organismos que construyen los arrecifes tampoco pueden vivir en aguas profundas. Necesitan luz solar para formar sus esqueletos de cal. A más de 55 metros de profundidad no hay suficiente luz solar para ellos.

Hay tres tipos de arrecifes coralinos. Los **arrecifes costeros** están pegados a la costa de una isla volcánica y tienen generalmente menos de 30 metros. Sin embargo, algunos pueden tener cientos de metros de ancho.

ACTIVIDAD
PARA HACER

Modelo del fondo marino

1. Utilizando papel maché, yeso o arcilla, construye un modelo del fondo marino. Utiliza las figuras 2–10 y 2–15 para ayudarte a construirlo.

2. Rotula cada rasgo de tu modelo.

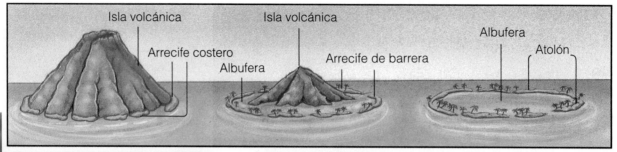

Isla volcánica

Arrecife costero

Isla volcánica

Albufera

Arrecife de barrera

Albufera

Atolón

Figura 2–17 *Se muestra en la ilustración el desarrollo de los tres tipos de arrecifes coralinos. Un arrecife de barrera está separado de la costa por una albufera (arriba). Un atolón rodea sólo una albufera porque la isla se ha desgastado y ya no está por encima de la superficie del océano (abajo).*

Los **arrecifes de barrera** son otro tipo de arrecife coralino. Estos arrecifes están separados de la costa por una zona de agua poco profunda llamada albufera. Los arrecifes de barrera son generalmente más grandes que los costeros. Las islas rodeadas por arrecifes de barrera generalmente se han hundido más en el océano que las que tienen arrecifes costeros. El arrecife de barrera más grande del mundo es el Gran Arrecife de Australia. Tiene alrededor de 2,300 kilómetros de largo y entre 40 y 320 kilómetros de ancho. Hay en él muchas especies de animales y plantas.

El tercer tipo de arrecife coralino se encuentra más lejos de la costa. Es un anillo de arrecifes coralinos llamado **atolón**. Un atolón rodea una isla que ha sido desgastada y se ha hundido por debajo de la superficie del océano. En la figura 2–17 se muestran los tres tipos de arrecifes coralinos.

2–3 Repaso de la sección

1. ¿Qué es el margen continental? Describe las partes de un margen continental.
2. Identifica cinco rasgos principales de los fondos oceánicos.
3. ¿Cuáles son los tres tipos de arrecifes coralinos?

Conexión—*Literatura*

4. Un famoso escritor de ciencia ficción dijo una vez que " . . . la buena ciencia ficción debe ser también buena ciencia." En una nueva película de ciencia ficción, un gigantesco monstruo marino vive en un arrecife coralino cerca de la costa de Maine, en la frontera con el Canadá. Durante el día, atormenta a la población local devorando animales y gente. Por la noche regresa a la seguridad de su arrecife. ¿Te parece que esta historia es buena ciencia ficción? Explica tu respuesta.

2–4 Zonas de vida marina

Una visita a un acuario te convencerá de la gran variedad de formas de vida que existen en el océano. Pero incluso el mejor acuario sólo contiene relativamente pocas clases de peces y de plantas. Los que se sumergen para observar un arrecife coralino quedan asombrados por los colores, las formas y la variedad de los peces que encuentran.

La vida animal y vegetal del océano es afectada por muchos factores. Uno de ellos es la cantidad de luz que penetra en el océano. Otro es la temperatura del agua. Puesto que hay mucho menos luz solar en las profundidades, la temperatura es mucho más baja. Hay en consecuencia más plantas y animales en las capas superiores y cerca de la costa que en las capas inferiores. Otro factor que afecta la vida en el océano es la presión del agua. La presión aumenta con la profundidad. ¿Sabes por qué? Al aumentar la profundidad, aumenta la cantidad de agua que hay más arriba y eso aumenta la presión. Los organismos que viven en las profundidades marinas tienen que soportar grandes presiones.

Los animales y las plantas del océano pueden clasificarse en tres grupos principales según sus hábitos y la profundidad del agua en que viven. El grupo más grande se llama **plancton**. El plancton flota en la superficie o cerca de la superficie, donde penetra la luz. Cerca de la costa, vive a profundidades de alrededor de 1 metro. En el mar abierto, puede encontrarse a profundidades de hasta 200 metros.

La mayoría del plancton es muy pequeño. De hecho, muchas formas son microscópicas. Estos organismos flotan con las corrientes y las mareas. Los camarones diminutos y varias formas de algas también son plancton. El plancton es el principal alimento de muchos organismos más grandes, incluídos los más grandes de la Tierra, las ballenas. Algunas ballenas filtran el plancton del agua. Su garganta es tan pequeña que no pueden tragar alimentos mayores que una moneda de 50 centavos.

Las formas de vida marina que nadan se llaman **necton.** Las ballenas, las focas, los delfines, los calamares, los pulpos, las barracudas y otros peces son formas de necton.

Guía para la lectura

Piensa en estas preguntas mientras lees.

▶ *¿Cuáles son los tres principales grupos de animales y plantas del océano?*

▶ *¿Cuáles son las tres principales zonas de vida marina?*

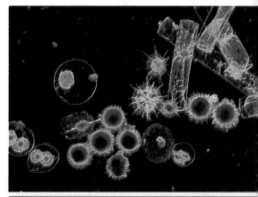

Figura 2–18 *El plancton microscópico (arriba) es la principal fuente de alimentos de muchos animales marinos grandes. Esta ballena usa su boca en forma de colador para filtrar plancton del agua marina. ¿Puedes imaginar la cantidad de plancton que se necesitará para satisfacer el apetito de esta ballena?*

Figura 2–19 *Una de las formas más temibles de necton, o animales que nadan, son los tiburones. Aquí vemos el peligroso tiburón blanco (izquierda), el enorme e inofensivo tiburón ballena (arriba a la derecha) y el tiburón leopardo de las profundidades marinas (abajo a la derecha).*

Figura 2–20 *Los "tentáculos" de la anémona marina tienen células urticantes que le permiten atrapar peces. Este pececillo que nada entre los tentáculos es inmune al veneno de la anémona y ayuda a atraer a otros peces. ¿Cómo contribuye este extraño comportamiento a su supervivencia?*

Al poder nadar, el necton puede buscar activamente alimentos y evitar a los predadores. Los predadores son organismos que comen otros organismos, que se llaman presa. Algunos tiburones son predadores temibles; otros peces son su presa.

Hay necton en todos los niveles del océano. Algunos nadan cerca de la superficie y otros cerca del fondo. Algunos viven en las partes más profundas del océano. Al nadar, pueden trasladarse de una parte a otra del océano, pero se quedan en las zonas donde las condiciones son más favorables.

Los organismos que viven en el fondo marino se llaman **bentos**. Algunas formas de bentos son plantas que crecen en el fondo del mar en aguas poco profundas. Las plantas pueden sobrevivir en el agua solamente cuando hay luz solar. Otros son animales como los percebes, las ostras, los cangrejos y las estrellas de mar. Muchas clase de bentos, como las anémonas marinas, se adhieren al fondo. Otras viven en las zonas costeras. Unas pocas clases viven en las partes más profundas del fondo del océano.

Zona de marea

Como acabas de leer, hay tres grupos principales de vida marina. También hay tres zonas principales de vida marina. **La clasificación del océano en zonas de vida se basa en las condiciones del océano, que varían muy ampliamente.** Hay zonas de playas poco

Figura 2-21 *La zona de marea está entre las líneas de marea alta y marea baja. Entre los organismos que viven en ella están las estrellas de mar, las lapas gigantes , las almejas (arriba a la derecha), los percebes (centro) y las anémonas marinas (abajo a la derecha).*

profundas que se secan y vuelven a cubrirse de agua dos veces por día. Hay profundidades oceánicas adonde nunca llegan los rayos del sol y donde las temperaturas están todo el año apenas por encima del punto de congelación. Y entre ambos extremos está el océano abierto con una amplia gama de medios a diferentes profundidades. Los científicos saben mucho sobre estas zonas, pero gran parte del océano sigue siendo un terreno sin explorar.

La región situada entre las líneas de marea alta y marea baja se llama **zona intermareal**. Es la más cambiante del océano. A veces es mar y a veces tierra. Estos cambios se producen dos veces por día

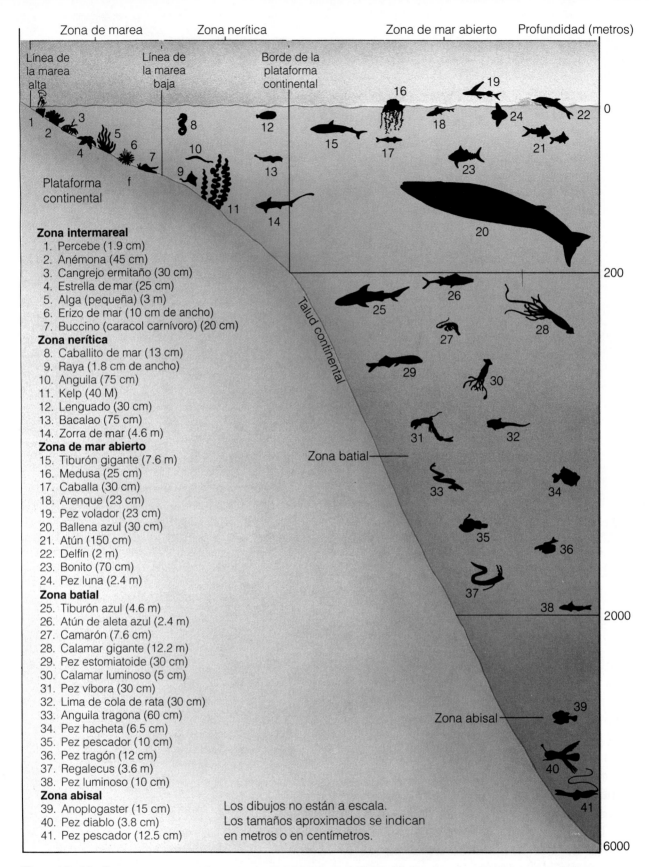

Zona de marea | Zona nerítica | Zona de mar abierto | Profundidad (metros)

Línea de la marea alta

Línea de la marea baja

Borde de la plataforma continental

Plataforma continental

Talud continental

Zona batial

Zona abisal

0

200

2000

6000

Zona intermareal
1. Percebe (1.9 cm)
2. Anémona (45 cm)
3. Cangrejo ermitaño (30 cm)
4. Estrella de mar (25 cm)
5. Alga (pequeña) (3 m)
6. Erizo de mar (10 cm de ancho)
7. Buccino (caracol carnívoro) (20 cm)

Zona nerítica
8. Caballito de mar (13 cm)
9. Raya (1.8 cm de ancho)
10. Anguila (75 cm)
11. Kelp (40 M)
12. Lenguado (30 cm)
13. Bacalao (75 cm)
14. Zorra de mar (4.6 m)

Zona de mar abierto
15. Tiburón gigante (7.6 m)
16. Medusa (25 cm)
17. Caballa (30 cm)
18. Arenque (23 cm)
19. Pez volador (23 cm)
20. Ballena azul (30 cm)
21. Atún (150 cm)
22. Delfín (2 m)
23. Bonito (70 cm)
24. Pez luna (2.4 m)

Zona batial
25. Tiburón azul (4.6 m)
26. Atún de aleta azul (2.4 m)
27. Camarón (7.6 cm)
28. Calamar gigante (12.2 m)
29. Pez estomiatoide (30 cm)
30. Calamar luminoso (5 cm)
31. Pez víbora (30 cm)
32. Lima de cola de rata (30 cm)
33. Anguila tragona (60 cm)
34. Pez hacheta (6.5 cm)
35. Pez pescador (10 cm)
36. Pez tragón (12 cm)
37. Regalecus (3.6 m)
38. Pez luminoso (10 cm)

Zona abisal
39. Anoplogaster (15 cm)
40. Pez diablo (3.8 cm)
41. Pez pescador (12.5 cm)

Los dibujos no están a escala.
Los tamaños aproximados se indican
en metros o en centímetros.

Figura 2–22 *Se muestran aquí las principales zonas de vida marina, sus profundidades, y algunos de los seres vivos que suelen encontrarse en ellas. ¿A qué profundidad se encuentra la mayor parte de la vida marina?*

Figura 2–23 *El pez mandarín o psicodélico (izquierda) y el venenoso pez cebra (derecha) son dos de los muchos tipos de peces que habitan los océanos de la Tierra.*

cuando el mar avanza con la marea alta y se retira con la marea baja. La supervivencia en la zona de marea es difícil. Las mareas y las olas que se rompen en la costa mueven constantemente los objetos. A causa de que la marea sube y baja, los organismos tienen que ser capaces de vivir parte del tiempo sin agua.

Algunos de los organismos que viven en la zona de marea son las anémonas, los cangrejos, las almejas, los mejillones y ciertas algas. Para evitar que el mar los arrastre, muchos de ellos se adhieren a la arena o a las rocas. Otros, como algunos gusanos y moluscos, se sumergen en la arena húmeda para protegerse.

Zona nerítica

La **zona nerítica** se extiende desde la línea de marea baja hasta el borde de la plataforma continental y a una profundidad de 200 metros.

La zona nerítica recibe abundante luz solar. La presión del agua es baja y la temperatura permanece bastante constante. El fondo marino aquí está cubierto de algas. Mucha variedad de animales y plantas viven en esta zona, entre ellas plancton, necton y bentos. La zona nerítica es más rica en vida que ninguna otra zona del océano. La mayor parte de las grandes zonas pesqueras del mundo están en ella. Los peces, las almejas, los caracoles, algunos tipos de ballenas y las langostas son sólo algunos de los

Figura 2–24 *Esta langosta marina de California que busca alimento por la noche es uno de los muchos seres interesantes de la zona nerítica.*

organismos de la zona nerítica. Gran parte de los alimentos provenientes del mar que comemos vienen de esa zona. La zona nerítica termina cuando la luz solar no es suficiente para que crezcan las algas.

Zonas de mar abierto

Hay dos zonas de mar abierto. La primera es la **batial**, que empieza en el talud continental y se extiende hasta 2000 metros de profundidad. El sol no puede llegar al fondo de esta zona. Hay muchas formas de necton que viven en la zona batial, entre ellas calamares, pulpos y ballenas gigantes. Puesto que hay poca luz solar, no hay plantas en el fondo de esta zona.

A una profundidad de alrededor 2000 metros, comienza la **zona abisal**. Esta es la segunda zona de mar abierto, que se extiende hasta una profundidad media de 6000 metros y abarca las grandes llanuras del océano. En esta zona no penetra la luz solar y hay, por lo tanto, pocos alimentos. La presión del agua es enorme. ¿Cómo crees que serán las temperaturas en la zona abisal?

Incluso en condiciones sumamente difíciles, hay vida en la zona abisal. La mayoría de los animales que viven en esa zona son pequeños. Muchos tienen un aspecto muy extraño. Mira una vez más el anoplogaster al comienzo de este capítulo. Algunos de los animales que viven en esta zona pueden producir su propia luz.

Figura 2–25 *Entre los organismos del mar abierto están el pez pescador de aguas profundas (arriba a la izquierda), el pez hacheta (abajo a la izquierda) y el krill (a la derecha).*

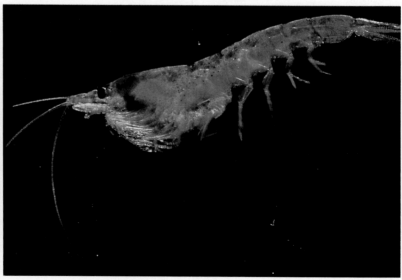

2–4 Repaso de la sección

1. ¿Cuáles son los tres grupos principales de vida en el océano?
2. ¿Cuáles son algunos de los factores que afectan la vida marina?
3. Describe las tres zonas principales de vida marina.
4. ¿Qué zona contiene la mayor variedad de vida marina? ¿Por qué?

Pensamiento crítico—*Aplicar conceptos*
5. La mayor parte de la pesca comercial se hace cerca de la superficie del océano. ¿Por qué no sería productivo pescar en aguas muy profundas?

2–5 Mapas del fondo marino

Se ha dicho que los océanos son los últimos lugares inexplorados de la Tierra. Es probable que sepamos más sobre algunos de nuestros vecinos espaciales que sobre las aguas que constituyen casi el 71% de nuestro planeta.

En 1872, se inició la primera expedición oceánica con la partida del *Challenger* de Inglaterra. Éste permaneció en el mar durante 3 años y medio. Sus científicos utilizaron cables para medir la profundidad y redes sujetas a gruesas cuerdas para obtener animales y plantas del fondo. Trajeron a la superficie organismos que habían estado por mucho tiempo libres de toda

Guía para la lectura

Piensa en esta pregunta mientras lees.

▶ *¿Cómo se trazan los mapas del fondo del mar?*

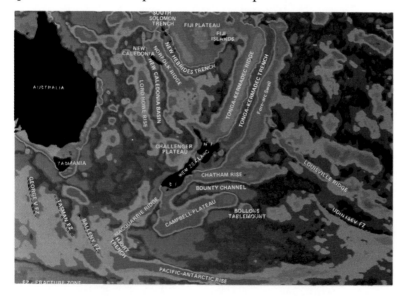

Figura 2–26 *Este mapa geológico computadorizado de los fondos marinos del Pacífico sudoccidental se preparó a partir de datos obtenidos por un satélite de NASA en órbita alrededor de la Tierra.*

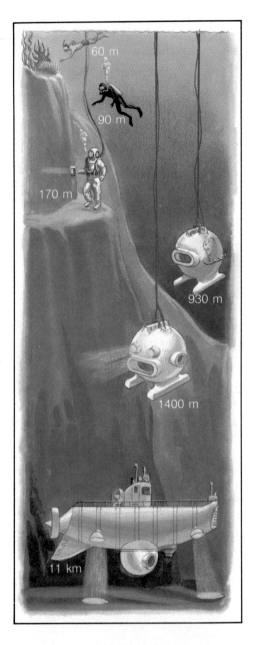

Figura 2-27 *Se utilizan diferentes instrumentos para explorar el océano. La profundidad del océano determina el tipo de instrumento utilizado. ¿Hasta qué profundidad puede una persona descender sin equipo especial para respirar?*

intervención humana. Mediante termómetros especiales registraron las temperaturas de las profundidades oceánicas y utilizando botellas especiales recogieron muestras del agua del océano.

Actualmente, los oceanógrafos tienen muchos instrumentos modernos que les ayudan a explorar los océanos. Las cámaras submarinas toman fotografías del fondo marino. Hay instrumentos llamados barrenadores que traen muestras de barro y arena del fondo del océano y varios vehículos, entre ellos las batisferas, los batiscafos y otros sumergibles, que pueden descender a explorar a grandes profundidades.

Uno de los objetivos más importantes de los oceanógrafos es hacer mapas del fondo marino. **Esos mapas sólo pueden hacerse con métodos indirectos, como el eco, el radar, el sonar y los estudios sismográficos.** Todos ellos se basan en el mismo principio: se envían desde la superficie del océano ondas de energía, como las de sonido, que se reflejan (rebotan) en el fondo marino y vuelven a la superficie, donde se registran. Al conocer la velocidad del sonido en el agua, que es de alrededor de 1500 metros por segundo, y el tiempo que toma que las ondas vayan y vuelvan, los oceanógrafos pueden determinar la profundidad del océano en cualquier lugar.

El panorama más completo del fondo marino se ha obtenido hasta el momento de la información recogida por el *Seasat*, un satélite científico lanzado en 1978. Con los 8000 millones de mediciones enviadas por el *Seasat*, los científicos han creado el mapa más preciso que existe hasta el momento.

2–5 Repaso de la sección

1. Nombra tres instrumentos usados actualmente por los oceanógrafos para explorar el océano. ¿Cómo se comparan estos instrumentos con los utilizados en las primeras expediciones?
2. ¿Cuáles son los dos datos necesarios para determinar la profundidad del océano con el sonar?

Conexión—*Tú y tu mundo*
3. Aunque los océanos son uno de los elementos más maravillosos de la Tierra, sabemos relativamente poco acerca de ellos. ¿Cuáles son algunas de las razones que explican esta falta de conocimiento?

2–6 Movimientos del océano

El agua marina nunca deja de moverse. **Hay tres movimientos básicos del agua marina: el movimiento hacia arriba y hacia abajo de las olas, el movimiento constante de las corrientes oceánicas y el ascenso y descenso del agua en las mareas.** En esta sección leerás más acerca de cada uno de estos movimientos.

Olas

Las olas son pulsaciones de energía que se mueven a través del océano. Tienen su origen en los vientos, los terremotos y la atracción gravitacional de la luna. La fuente más común de energía de las olas es el viento que sopla sobre la superficie del océano.

¿Has observado alguna vez las olas del océano? Si no, quizás hayas visto fotografías. Las olas empiezan como ondulaciones que causa el viento en la superficie del agua. A medida que se transfiere más energía del viento al agua, las olas que se forman parecen grandes ondas de agua que avanzan rápidamente. Pero el agua no se mueve en absoluto. Lo único que se mueve es la energía a través del agua, que produce una ola tras otra. La energía pasa de una partícula de agua a otra. Pero las partículas permanecen básicamente en la misma posición.

La energía de la ola no sólo pasa de partícula a partícula hacia adelante sino también hacia abajo. Cuando aumenta la profundidad, el movimiento de las partículas disminuye y a cierta profundidad cesa. En aguas profundas no hay olas, excepto las causadas por las corrientes y los terremotos.

La altura de la ola depende de tres factores. Estos son la velocidad del viento, la duración del viento y la distancia a que sopla el viento sobre el agua. Cuando aumenta uno de estos factores, aumenta la altura de la ola. Algunas olas pueden llegar a ser enormes. La ola superficial más grande que se ha medido en un océano se observó en el Pacífico Norte el 7 de febrero de 1933. Había en ese momento una tormenta de viento sobre una zona de agua de miles de kilómetros. Un buque de la armada de los Estados Unidos, el *U.S.S. Ramapo*, avanzaba sobre el mar cuando sus

Guía para la lectura

Piensa en estas preguntas mientras lees.

▶ *¿Cuáles son los tres movimientos básicos del océano?*

▶ *¿Qué causa estos movimientos?*

Figura 2–28 *Las olas se forman cuando se transfiere energía del viento al agua. Las pulsaciones de energía de la ola se transmiten de partícula a partícula hacia adelante y también hacia abajo. Recuerda que lo que se mueve no es el agua sino la pulsación de energía.*

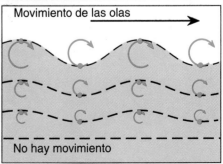

Movimiento de las olas →

No hay movimiento

FACTORES QUE AFECTAN LA ALTURA DE LAS OLAS SUPERFICIALES

Velocidad del viento (metros/ segundo)	Duración del viento (horas)	Distancia que sopla el viento sobre el agua (kilómetros)	Altura media de la ola (metros)
5.1	2.4	18.5	0.27
10.2	10.0	140.0	1.5
15.3	23.0	520.0	4.1
20.4	42.0	1320.0	8.5
25.5	69.0	2570.0	14.8

Figura 2–29 *En este cuadro se indican los factores que afectan la altura de las olas superficiales. ¿Qué pasa con la altura de una ola a medida que aumenta la velocidad del viento?*

oficiales observaron y midieron una ola gigantesca. ¡Tenía por los menos 34 metros de alto! Una ola de este tamaño sobrepasaría a una casa de apartamentos de diez pisos.

CARACTERÍSTICAS DE LAS OLAS   Las olas del océano, como todas las olas, tienen varias características. El punto más alto de una ola se llama **cresta.** El punto más bajo se llama **seno.** La distancia horizontal entre dos crestas consecutivas (una tras otra) o dos senos consecutivos se llama **longitud de la ola.** La distancia vertical entre una cresta y un seno es la altura de la ola. Las olas tienen distintas longitudes y alturas. En la figura 2–30 se muestran las características básicas de las olas.

Figura 2-30 *En este diagrama se muestran las características de las olas del océano. ¿Cómo se llama la distancia entre dos crestas consecutivas? ¿Cómo se llama el punto más bajo de una ola?*

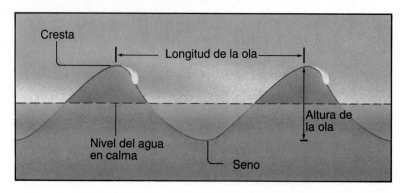

El tiempo necesario para que dos crestas o senos consecutivos pasen por un punto dado se llama período de la ola. El número de crestas o senos que pasan por un punto dado en un período determinado es la frecuencia de la ola. ¿Cuál es la relación entre la longitud y la frecuencia de las olas?

En el mar abierto, las olas permanecen a la misma distancia durante miles de kilómetros. La longitud de las olas es generalmente constante. Estas olas se llaman mar tendida y son largas y anchas, pero no muy altas.

La longitud de las olas cambia cuando se acercan a la costa. Su velocidad se reduce y empiezan a estar cada vez más juntas. La longitud de las olas disminuye y aumenta su altura. Las olas se rompen por último sobre la playa.

El agua vuelve entonces hacia el océano llevando consigo trocitos de algas, arena y guijarros. El agua que se retira se llama contracorriente. Las contracorrientes pueden ser muy fuertes. A veces constituyen un peligro para los nadadores, porque los arrastran hacia el océano y bajo el agua. Las contracorrientes pueden tener varios kilómetros.

TSUNAMIS Algunas olas del océano son causadas por terremotos. Ese tipo de olas se llaman **tsunami**, que es una palabra japonesa que significa "gran ola en una bahía." Los tsunamis son las olas más altas del océano.

ACTIVIDAD

PARA ESCRIBIR

Tortugas marinas

Las tortugas marinas ponen sus huevos en las playas arenosas de la costa. La tortuga hembra hace un pozo y empieza a depositar sus huevos. Con el tiempo, salen las pequeñísimas tortuguitas, que se dirigen hacia el mar. Pasarán años en el mar abierto. Si sobreviven, las tortugas hembras volverán años más tarde a la misma playa en que nacieron.

Trata de obtener información para explicar esta increíble capacidad de navegación. ¿Cómo pueden las tortugas hembras encontrar su camino sin mapas que las guíen?

Figura 2–31 *En este diagrama se muestra un mar tendido cuando llega a una playa en declive. ¿Qué pasa con la longitud y la altura de las olas a medida que se acercan a la playa?*

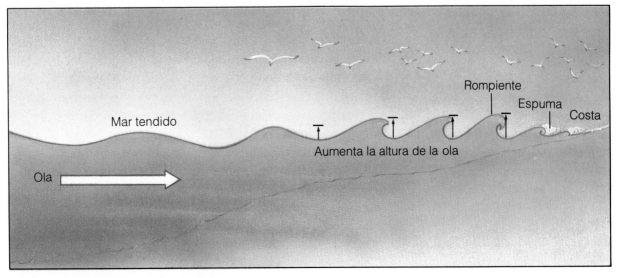

Mar tendido

Aumenta la altura de la ola

Rompiente

Espuma

Costa

Ola

Figura 2–32 *La fuerza de un tsunami dejó a esta embarcación varada en el muelle.*

ACTIVIDAD

PARA AVERIGUAR

Corrientes

1. Llena un vaso hasta la mitad con agua helada. Añade varias gotas de colorante.

2. Llena un bol transparente hasta poco más de la mitad con agua tibia.

3. Vierte cuidadosamente el agua helada por el borde del bol y observa lo que ocurre.

¿Para qué sirve el colorante? Explica cómo se forman las corrientes. ¿A qué tipo de corriente del océano se parece más la corriente en el bol?

■ Planea una investigación para ver qué tipo de corriente se forma cuando añades un vaso de agua tibia con colorante en un bol de agua helada.

Las olas de los tsunamis tienen longitudes de onda muy largas y son muy profundas. Contienen una gran cantidad de energía. Al hacerse más lentas en aguas poco profundas, se acercan cada vez más entre sí. La altura de las olas aumenta. La energía que estaba difundida en una gran profundidad se concentra ahora en mucha menos agua. Esta energía produce los tsunamis, que pueden tener 35 metros de altura o más cuando llegan a la costa. Para darte una idea de esa altura, piensa que la altura media de cada piso de un edificio es 3 a 4 metros. Una ola de 35 metros equivale así a un edificio de diez pisos.

Como puedes sospechar, los tsunamis causan muchos daños en las zonas costeras. Uno de los grupos de tsunamis más famosos fue causado por la erupción volcánica del Krakatoa entre Java y Sumatra, en 1883. Nueve tsunamis de hasta 40 metros de alto golpearon la costa de Java. No quedaron rastros de las poblaciones costeras y murieron alrededor de 36,000 personas.

Corrientes

Es fácil ver el agua que se mueve en la superficie del mar en forma de olas. Pero no sólo el agua de la superficie se mueve. El agua por debajo de la superficie también está en movimiento. Esos movimientos se llaman corrientes. Algunas son tan grandes—de hasta miles de kilómetros de largo—que pueden describirse como "ríos" en el océano. Incluso el poderoso río Misisipí sería apenas un arroyo si se compara con la más grande de las corrientes oceánicas. Todas las corrientes oceánicas, ya sean largas o cortas, son causadas por los mismos factores: los vientos y las diferencias en la densidad del agua.

CORRIENTES SUPERFICIALES Las corrientes causadas principalmente por los vientos se llaman corrientes superficiales. Estas corrientes tienen generalmente varios cientos de metros de profundidad. Algunas son corrientes de agua caliente y otras de agua fría. La temperatura de una corriente depende del lugar en que se origina. Una corriente caliente empieza en una zona cálida; una corriente fría en una zona fría.

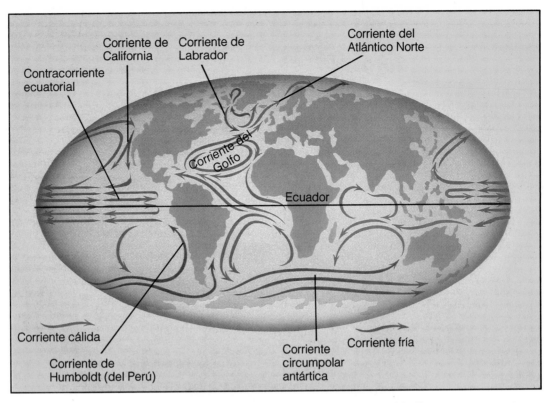

Figura 2–33 *Este mapa muestra las direcciones de las principales corrientes superficiales de larga distancia. ¿La corriente del Golfo es cálida o fría?*

Las corrientes superficiales que viajan miles de kilómetros se llaman corrientes superficiales de larga distancia. La corriente del Golfo es una corriente superficial de larga distancia muy conocida. Tiene unos 150 kilómetros de ancho y puede alcanzar una profundidad de 1000 metros. Lleva aguas cálidas del extremo sur de Florida hacia el norte, a lo largo de la costa este de los Estados Unidos. Se mueve a velocidades superiores a 1.5 metros por segundo y pueden pasar más de 150 millones de metros cúbicos de agua por un punto dado cada segundo.

En la figura 2–33 se muestran las principales corrientes superficiales cálidas y frías del mundo y la dirección en que fluyen. Puesto que todos los océanos están conectados, estas corrientes oceánicas forman un sistema mundial de circulación del agua.

Observarás en la figura 2–33 que el agua de cada océano se mueve en forma casi circular. En el Hemisferio Norte, las corrientes se mueven en la dirección de las agujas del reloj y en el Hemisferio Sur en dirección contraria a las agujas del reloj. Estos movimientos corresponden a la dirección de la circulación del viento en cada hemisferio.

Como cabe esperar, las corrientes superficiales de corta distancia se llaman corrientes superficiales de corta distancia. Estas corrientes están generalmente cerca de la costa, donde las olas pegan en ángulo.

Figura 2–34 *Dos corrientes superficiales convergen, o se encuentran, en el océano Atlántico cerca de Bermuda.*

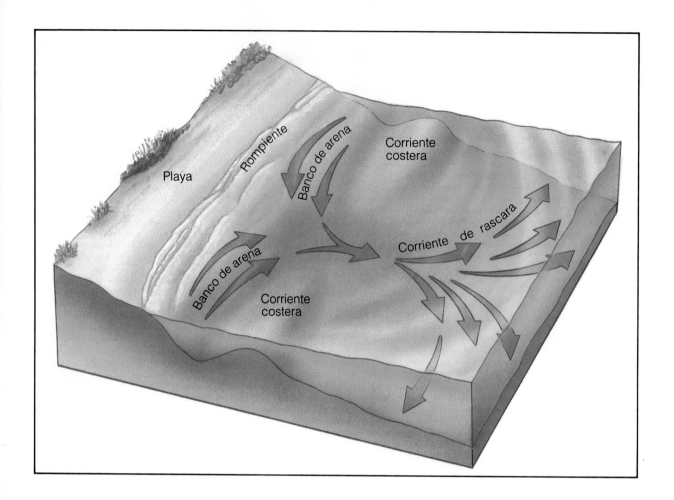

Corriente costera

Corriente de rascara

Playa

Rompiente

Banco de arena

Banco de arena

Corriente costera

Banco de arena

Corriente costera

Figura 2–35 *Cuando las corrientes costeras atraviesan un banco de arena, se forma una corriente de resaca.*

Cuando las olas chocan contra la costa, el agua vuelve y produce corrientes paralelas a la costa, llamadas corrientes costeras.

Al moverse en forma paralela a la costa, estas corrientes recogen grandes cantidades de sustancias, como arena de la playa, que depositan en el agua cerca de la costa. Se forma entonces una larga pila de arena subterránea llamada banco de arena. Las corrientes costeras pueden quedar atrapadas en el lado costero de un banco de arena. En algún momento, es posible que corten una apertura en el banco de arena y vuelvan al océano en un flujo estrecho y poderoso llamado corriente de resaca. Este es un tipo de contracorriente.

CORRIENTES PROFUNDAS Algunas corrientes son causadas principalmente por las diferencias en la densidad del agua en el fondo marino. Éstas se llaman **corrientes profundas**. La densidad, que puedes imaginar como el peso del agua, es afectada por la temperatura y la salinidad. (La densidad se define como masa por unidad de volumen de una sustancia.) El agua fría es más densa que el agua caliente. Y cuanto más salada, más densa es el agua. Por ejemplo, el agua densa y fría que fluye desde las regiones polares se mueve por debajo del agua cálida menos densa que se encuentra en las zonas alejadas de los polos.

Mediante cámaras colocadas en el lecho del océano se han fotografiado indicios de corrientes profundas poderosas. En la fotografía de la figura 2–36 se observan ondulaciones formadas en la arena del fondo marino. En algunos lugares, la arcilla pesada se ha apilado en pequeñas dunas, que parecen formadas por el viento. Los científicos deducen que esos "vientos" deben ser corrientes oceánicas muy poderosas.

La mayoría de las corrientes profundas corren en dirección opuesta a las corrientes superficiales. Por ejemplo, en el verano, el Mediterráneo pierde por evaporación más agua de la que recibe de la lluvia. La salinidad y la densidad del Mediterráneo aumentan. Se producen así corrientes profundas de agua densa que fluyen del Mediterráneo al Atlántico. Al mismo tiempo, el agua menos salada y menos densa del Atlántico fluye en la superficie hacia el Mediterráneo.

El agua de océano más densa está en la costa de la Antártida. Estas aguas densas y frías se van hacia el fondo y tienden a fluir hacia el norte a través de los océanos del mundo. Estas corrientes antárticas profundas viajan miles de kilómetros. Al mismo tiempo, las corrientes cálidas superficiales cercanas al ecuador tienden a fluir hacia el sur, hacia la Antártida.

A medida que las corrientes profundas de la Antártida se acercan a la tierra, el fondo del mar sube y obliga a subir a las corrientes. El ascenso de las corrientes frías profundas a la superficie del océano se llama **corriente ascendente**. Esas corrientes son muy importantes porque traen consigo abundantes alimentos depositados en el fondo del océano. Estos alimentos son generalmente los restos de animales y plantas muertas. Cuando las corrientes profundas suben a la superficie, el océano se convierte en una zona de vida oceánica abundante. Por ejemplo, hay corrientes profundas que ascienden cerca de las costas del Perú y de Chile. Los nutrientes que llevan a la superficie producen zonas pesqueras muy ricas y sustentan industrias pesqueras importantes en esas zonas.

Figura 2–36 *En esta foto puedes ver las ondulaciones formadas en el fondo marino por una corriente profunda y lenta.*

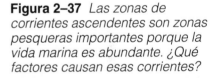

Figura 2–37 *Las zonas de corrientes ascendentes son zonas pesqueras importantes porque la vida marina es abundante. ¿Qué factores causan esas corrientes?*

Mareas

Las mareas son el ascenso y el descenso regulares del agua marina causado por la atracción gravitacional entre la Tierra, la luna y el sol. La gravedad de la Tierra atrae a la luna, pero la gravedad de la luna también atrae a la Tierra y produce una subida del océano. El océano sube en dos sitios: del lado de la Tierra que enfrenta a la luna y del lado de la Tierra situado en dirección opuesta. En ambos sitios se produce una marea alta, una crecida del agua marina, en las costas cercanas.

Al mismo tiempo que se producen mareas altas, se producen mareas bajas entre las dos crecidas. Las observaciones muestran que en la mayor parte de la Tierra hay dos mareas altas y dos mareas bajas cada 24 horas.

Algunas mareas altas son más altas que otras. Por ejemplo, cuando hay luna llena y luna nueva, la Tierra tiene mareas más altas que en otros momentos. Estas se llaman mareas vivas y se producen cuando el sol y la luna están en línea con la Tierra (que es como están el sol, la luna y la Tierra cuando hay luna llena y luna nueva). El efecto gravitacional incrementado debido a la gravedad del sol hace que las crecidas de los océanos sean mayores que de costumbre.

Figura 2–38 *El ascenso y el descenso diario de las mareas se observa magníficamente en la bahía de Fundy (Canadá).*

Figura 2–39 *Las mareas vivas se producen cuando el sol y la luna están en línea con la Tierra; las mareas muertas, cuando el sol y la luna están en ángulo recto con la Tierra.*

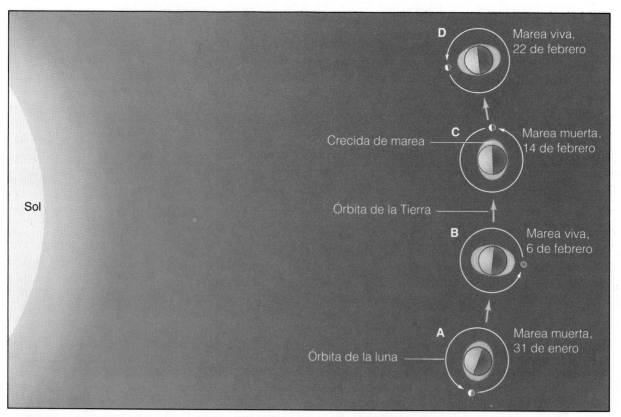

Durante el primer y el último cuarto de las fases de la luna, la atracción gravitacional sobre los océanos se cancela parcialmente por la atracción gravitacional del sol. Las mareas altas son entonces más bajas que de costumbre y se llaman mareas muertas. ¿Cuál es la posición relativa del sol y de la luna durante las mareas muertas?

2–6 Repaso de la sección

1. ¿Cuáles son los tres movimientos básicos del océano?
2. ¿Cuáles serían cuatro características de una ola?
3. ¿Qué son las mareas? ¿Cuál es la diferencia entre corrientes superficiales y corrientes profundas?
4. ¿Qué son las mareas? ¿Qué las causa?

Pensamiento crítico—*Relacionar causa y efecto*
5. Para que sea más emocionante, un deportista del surf debe encontrar la ola más alta posible. ¿En cuál océano un surfista tendría las mejores posibilidades de encontrar olas enormes? ¿Por qué?

ACTIVIDAD

PARA HACER

La atracción de la luna

Los pronósticos mensuales de las mareas se publican generalmente en los periódicos el primer día del mes. También puedes encontrar pronósticos de mareas en el *Farmer's Almanac.*

Usa esa información para hacer un gráfico de la altura de la marea baja y de la marea alta en el mes. Hay dos mareas altas y dos mareas bajas por día. Indica solamente las alturas alcanzadas en las primeras horas del día.

¿Cuál es la relación de las fases de la luna con la altura de las mareas?

CONEXIONES

El sonido de las olas

Las olas son hermosas y tienen un sonido encantador. Incluso las olas más pequeñas se rompen en la playa con un dulce suspiro. Cuando una ola grande se rompe contra la playa, el ruido es impresionante. ¿Te has preguntado alguna vez por qué las olas hacen ese ruido al llegar a la playa? La explicación te sorprenderá.

La respuesta a esta pregunta está muy cerca de la goma de mascar que tienes en la boca. Cuando haces un globo, atrapas aire en la goma. Cuando el globo se rompe, hace un ruido explosivo. Las burbujas de aire que se rompen son también la causa del sonido que producen las olas al romperse. El agua marina recoge pequeñísimas burbujas de aire, que quedan atrapadas en el agua. Cuando las olas se rompen, las pequeñísimas burbujas estallan y se produce entonces el sonido característico de las olas. Recuerda que aunque hay una razón científica que explica la *física* del ruido, las olas siguen siendo hermosas y teniendo un sonido maravilloso.

Investigación de laboratorio

Efecto de la profundidad del agua sobre los sedimentos

Problema

Determinar qué efecto tienen las diferencias en profundidad del agua sobre el asentamiento de los sedimentos.

Materiales (por grupo)

> tubos de plástico de diferentes tamaños con muestras de sedimentos y agua salada

Procedimiento

1. Pide a tu profesor (a) un tubo de plástico.
2. Asegúrate de que ambos extremos del tubo estén bien tapados.

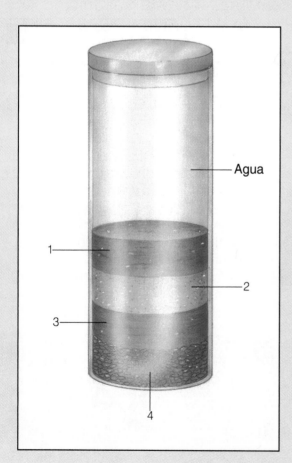

Agua

1

2

3

4

3. Sostén el tubo por ambos extremos y agítalo suavemente hasta que los sedimentos estén bien mezclados con el agua.
4. Coloca el tubo de pie en un lugar donde nadie vaya a tocarlo.
5. Repite los pasos 1 a 4 para cada uno de los tubos restantes.
6. Observa cuidadosamente los sedimentos en cada tubo.

Observaciones

1. Haz un dibujo detallado para ilustrar las alturas de las diferentes capas que se forman cuando se asientan los sedimentos en cada tubo.
2. ¿Qué observación general puedes hacer sobre el tamaño de las partículas de sedimentos y el orden en que se asienta cada tipo de sedimento en el tubo?

Análisis y conclusiones

1. ¿Qué efecto tiene el largo de la columna de agua en el número y los tipos de capas de sedimentos que se forman en cada tubo?
2. ¿Son estos tubos modelos precisos de lo que ocurre cuando se arrastran sedimentos al océano?
3. ¿Cuál es la variable presente en esta investigación? ¿Qué variables puede haber en el océano que no se ponen a prueba en esta investigación?
4. **Por tu cuenta** Diseña una investigación para determinar los efectos de diferentes salinidades en la formación de capas de sedimentos.

Resumen de conceptos claves

2–1   Los océanos del mundo

▲ El Atlántico, el Pacífico y el Índico son los tres principales océanos.

2–2   Propiedades del agua marina

▲ El agua marina es una mezcla de gases y sólidos disueltos en agua pura.

▲ El agua marina se clasifica en tres zonas según la temperatura: zona superficial, termoclina y zona profunda.

2–3   El fondo marino

▲ El margen continental consiste en una plataforma continental, un talud continental y un glacis continental.

▲ Los principales rasgos del fondo marino son las llanuras abisales, las montañas submarinas, los guyotes, las fosas, las cordilleras mesooceánicas, los valles de hendidura y los arrecifes.

2– 4 Zonas de vida marina

▲ Las formas de vida marina se clasifican según sus hábitos y la profundidad a que viven.

▲ Las tres zonas principales de vida marina son la zona de marea, la zona nerítica y la zona de mar abierto.

2–5   Mapas del fondo marino

▲ Se hacen mapas del fondo marino mediante ecos, radar, sonar y estudios sismográficos.

2–6   Movimientos del océano

▲ Los movimientos del océano incluyen las olas, las corrientes y las mareas.

▲ Las olas tienen las siguientes características: crestas, senos, longitud, altura, período y frecuencia de la ola.

▲ Las corrientes superficiales son causadas principalmente por el viento; las corrientes profundas, por diferencias en la densidad del agua.

▲ Las mareas son el ascenso y descenso regular del agua marina causado por la atracción gravitacional entre la Tierra, la luna y el sol.

Repaso de palabras claves

Define cada palabra o palabras con una oración completa.

2–2   Propiedades del agua marina

oceanógrafo
salinidad
zona superficial
termoclina
zona profunda

2–3   El fondo marino

costa
margen continental
plataforma continental
talud continental
glacis continental
corriente turbia
cañón submarino
llanura abisal
montañas submarinas
guyote
fosa
cordillera mesooceánica
arrecife coralino
arrecife costero
arrecife de barrera
atolón

2–4   Zonas de vida marina

plancton
necton
bentos
zona de marea
zona nerítica
zona batial
zona abisal

2–6   Movimientos del océano

cresta
seno
longitud de la ola
tsunami
corriente superficial
corriente profunda
corriente ascendente

Repaso del capítulo

Repaso del contenido

Selección múltiple

Selecciona la letra de la respuesta que complete mejor cada frase.

1. Los tres principales océanos del mundo son el Atlántico, el Pacífico y
   a. el Ártico.
   b. el Índico.
   c. el Mediterráneo.
   d. el Caribe.

2. La cantidad de sal disuelta en el mar se llama
   a. salinidad.
   b. turbidez.
   c. corriente ascendente.
   d. corriente.

3. La zona del océano en que la temperatura cambia rápidamente se llama
   a. zona superficial.
   b. bentos.
   c. zona de marea.
   d. termoclina.

4. El tiempo necesario para que dos crestas o senos de ola consecutivos pasen por un punto dado se llama
   a. longitud de la ola.
   b. tsunami.
   c. altura de la ola.
   d. frecuencia.

5. Todas las corrientes oceánicas son causadas por
   a. vientos y terremotos.
   b. volcanes y mareas.
   c. vientos y densidad del agua.
   d. mareas y densidad del agua.

6. La fuente más común de energía de las olas superficiales es
   a. el viento.
   b. los terremotos.
   c. las mareas.
   d. los volcanes.

7. Las partes más profundas del océano están en cañones largos y profundos llamados
   a. guyotes.
   b. montañas submarinas.
   c. arrecifes.
   d. fosas.

8. Los organismos que viven en el fondo del mar se llaman
   a. necton.
   b. plancton.
   c. diatomeas.
   d. bentos.

9. El ascenso de corrientes frías profundas a la superficie del océano se llama
   a. espuma.
   b. corriente ascendente.
   c. mapa.
   d. arrecife.

10. Las mareas altas que son más altas que otras mareas altas se llaman
    a. tsunami.
    b. mareas menguantes.
    c. mareas vivas.
    d. mareas muertas.

Verdadero o falso

Si la afirmación es verdadera, escribe "verdad." Si es falsa, cambia las palabras subrayadas para que sea verdadera.

1. La sal más abundante del océano es el <u>bromuro de magnesio</u>.
2. El punto más bajo de una ola se llama la <u>cresta</u>.
3. La corriente del Golfo es una corriente superficial de <u>larga distancia</u>.
4. Las mareas son causadas principalmente por la atracción gravitacional de <u>Júpiter</u>.
5. La parte relativamente plana y cubierta de agua poco profunda de un margen continental se llama <u>talud continental</u>.
6. Las <u>mareas vivas</u> se producen durante el primer y el tercer cuarto de las fases de la luna.

Mapa de conceptos

Completa el siguiente mapa de conceptos para la sección 2–1. Consulta las páginas 16–17 para construir un mapa de conceptos para todo el capítulo.

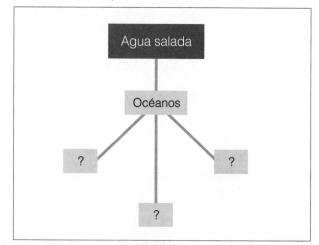

Dominio de conceptos

Analiza cada uno de los siguientes puntos en un párrafo breve.

1. ¿En qué se diferencian las olas superficiales y las olas profundas?
2. ¿Cómo cambia la salinidad del agua marina con la temperatura?
3. Algunos de los animales más grandes del océano (por ejemplo, algunas ballenas) dependen de algunos de los organismos marinos más pequeños. Explica esto.

4. Enumera las tres zonas de temperatura del océano. Describe las condiciones físicas en cada zona.
5. Describe la topografía del fondo marino.
6. ¿Cuáles son los tres tipos de arrecife coralino y en qué se diferencian?

Pensamiento crítico y resolución de problemas

Usa las destrezas que has desarrollado en este capítulo para resolver lo siguiente:

1. **Aplicar conceptos** Muchos países del mundo han extendido sus fronteras hasta un "límite de doscientas millas" de la costa. ¿Qué razones pueden tener los países para imponer ese límite?
2. **Hacer inferencias** Supón que las condiciones del océano cambiaran y se produjera una gran corriente ascendente cerca de la costa de la ciudad de Nueva York. ¿En qué forma cambiaría la vida marina en esa zona?
3. **Sacar conclusiones** Si se te pidiera que diseñaras un traje especial que permitiera a la gente explorar zonas profundas bajo la superficie del océano, ¿qué características importantes debería tener ese traje para ayudar a los buceadores a sobrevivir?
4. **Aplicar conceptos** Muchas leyendas relatan la aparición y la desaparición de islas. Explica por qué es posible que esas leyendas se basen en hechos y no en ficciones.
5. **Hacer cálculos** El sonido viaja alrededor de 1500 metros por segundo en el agua. ¿Qué profundidad tendría el océano si una onda de sonido tardara veinte segundos en volver a la superficie desde el fondo marino?
6. **Relacionar conceptos** ¿En qué se diferencia el necton del bentos?
7. **Identificar partes** La ilustración que figura más abajo muestra una ola típica. Rotula las partes indicadas.
8. **Usar el proceso** de la escritura Imagina que tú, tu familia y tus amigos viven en una enorme burbuja de vidrio en el fondo del mar. Escribe varias páginas de un diario para explicar tu vida durante una semana.

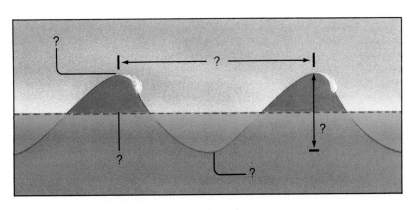

Agua dulce terrestre

3

Guía para la lectura

Después de leer las siguientes secciones, podrás

3–1 Agua dulce en la superficie de la Tierra
- Identificar las fuentes de agua dulce en la superficie de la Tierra.
- Describir una cuenca de agua.

3–2 Agua dulce bajo la superficie de la Tierra
- Identificar las fuentes de agua dulce bajo la superficie de la Tierra.
- Explicar cómo el agua dulce forma cavernas, estalactitas y estalagmitas.

3–3 El agua como solvente
- Describir la forma en que la polaridad del agua hace que sea un buen solvente.
- Enumerar formas de proteger las reservas de agua dulce.

En los titulares de los diarios, podíamos ver que el agua, en que la mayoría de la gente casi ni piensa, estaba creando problemas en todo el país. En algunos sitios había demasiada agua y en otros muy poca.

Una grave sequía en el oeste había resecado cientos de kilómetros de bosques. Los incendios forestales causaban graves daños en esas zonas. Los bomberos luchaban en vano por contener el avance destructivo del fuego.

Entretanto, las lluvias intensas en algunos estados del sur habían inundado los ríos y los lagos. Las presas ya no podían contener las enormes cantidades de agua. En varios lugares, las presas reventaron. El agua y las corrientes de lodo sepultaron tierras y hogares bajo una pesada capa de barro húmedo.

Quizás nunca hayas pensado en el agua como la causa de esos problemas. Para ti, el agua es un recurso natural que usas todos los días. Se usan 500,000 millones de agua por día solamente en los Estados Unidos. ¡En los próximos 20 años, es probable que este volumen increíble se duplique! ¿De dónde viene el agua dulce que usamos? ¿Habrá suficiente? En este capítulo aprenderás acerca de las reservas de agua dulce de la Tierra y hallarás las respuestas para estas preguntas.

Diario *Actividad*

Tú y tu mundo La familia norteamericana promedio usa 760 litros de agua por día. Sin embargo, en algunas partes del mundo, la familia típica usa entre 7 y 10 litros de agua por día. Imagina que tu familia sólo dispone de 30 litros por día. Haz en tu diario una lista de las cosas para las que usarías esa agua y de las cosas que no podrías hacer.

◀ *El agua dulce es uno de los recursos más importantes de la Tierra.*

3-1 Agua dulce en la superficie de la Tierra

Cuando miras una fotografía de la Tierra tomada desde el espacio, puedes observar que el agua es una de las sustancias más abundantes en la superficie terrestre. Los astronautas, cuya visión de la Tierra no es igual a la de la mayoría de la gente, han descrito la Tierra como el planeta azul.

Si miras un mapa del mundo pensarás que la Tierra tiene fuentes inacabables de agua dulce, capaces de satisfacer las necesidades de los seres vivientes para siempre. Después de todo, los océanos cubren más del 70% de su superficie. Alrededor del 97% de toda el agua de la Tierra está en los océanos, pero la mayor parte no puede ser utilizada por los seres vivos porque contiene sal. Para poder usar el agua del océano habría que eliminar la sal.

Figura 3-1 *La mayor parte del agua de la Tierra es agua salada de los océanos. Sólo un pequeño porcentaje es agua dulce, que está en su mayoría en forma de hielo en los casquetes polares. Esto deja sólo una pequeña porción de agua dulce para los seres vivos.*

El agua dulce es apenas un 3% del agua de la Tierra. Sin embargo, la mayor parte del agua dulce no puede usarse porque está congelada, principalmente en los casquetes polares y en los glaciares. En realidad, los seres vivos pueden usar sólo alrededor del 15% del agua dulce de la Tierra. Este porcentaje sumamente pequeño representa las reservas totales de agua dulce de la Tierra. Podrías preguntarte por qué no se acaba el agua dulce. Afortunadamente, las reservas de agua dulce de la Tierra se renuevan constantemente.

El ciclo del agua

La mayor parte del agua dulce en la superficie de la Tierra está en aguas que corren y en aguas en reposo. Los ríos, los arroyos y las fuentes son agua que corre. Los estanques, los lagos y las marismas son agua en reposo.

El agua se mueve entre estas fuentes de agua dulce, los océanos salados, el aire y el suelo en un ciclo. Un ciclo no tiene comienzo ni fin. Es una cadena continua de acontecimientos. El **ciclo del agua** es el movimiento del agua de los océanos y las fuentes de agua dulce al aire y el suelo y por último de vuelta a los océanos. El ciclo del agua, o ciclo hidrológico, renueva constantemente las reservas de agua dulce de la Tierra.

El ciclo del agua tiene tres pasos principales. El primero se relaciona con la energía térmica del sol. Esa energía hace que el agua de la superficie se convierta en vapor, que es la fase gaseosa del agua. Este proceso se llama **evaporación.** Enormes cantidades de agua se evaporan de los océanos. También se evapora agua de las fuentes de agua dulce y del suelo. Los animales y las plantas liberan también vapor de agua en el aire. Te sorprenderá saber cuánta agua se evapora de una sola planta. (Como puedes sospechar, un científico la ha medido.) Un solo árbol puede mover en un día más de 1800 litros de agua del suelo, a través de su tronco y sus ramas, hacia sus hojas y finalmente al aire. Otros organismos no mueven tanta agua, pero si consideras el gran número de plantas, animales y otros seres que son parte del ciclo del agua verás que la cantidad total de agua que liberan los seres vivos es muy grande.

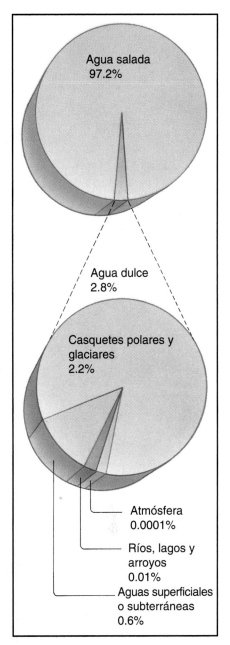

Figura 3–2 *Esta gráfica muestra la distribución del agua de la Tierra. ¿Qué porcentaje es agua dulce? ¿Está disponible para usar? Explica tu respuesta.*

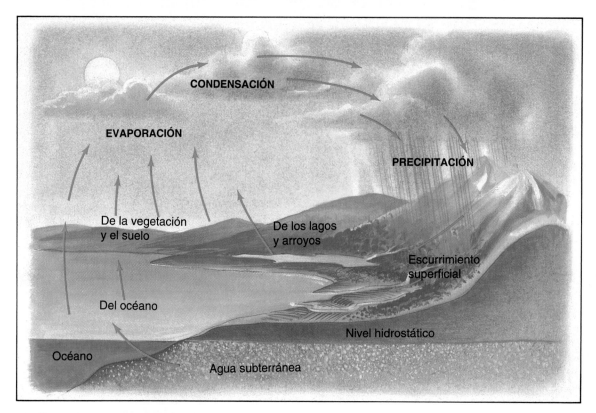

Figura 3–3 *El ciclo del agua renueva constantemente las reservas de agua dulce de la Tierra. ¿Cuáles son los tres procesos del ciclo del agua?*

Figura 3–4 *Un árbol grande puede liberar hasta 1800 litros de agua en la atmósfera. ¿Cuál es el proceso mediante el cual el agua líquida en un árbol se convierte en vapor de agua*

El segundo paso del ciclo del agua entraña un proceso llamado **condensación.** Durante este proceso el vapor de agua vuelve a su estado líquido. Para que haya condensación, el aire que contiene el vapor debe enfriarse. Y esto es lo que ocurre cuando el aire cercano a la superficie de la Tierra asciende. El aire frío no puede retener tanto vapor de agua como el aire caliente, y la mayor parte del vapor de agua se condensa entonces en gotitas que forman las nubes. Esas nubes no son "saladas." ¿Sabes por qué? Cuando el agua se evapora de los océanos, deja atrás la sal. El vapor de agua sólo contiene agua dulce.

En el tercer paso del ciclo, el agua vuelve a la Tierra en forma de lluvia, nieve, aguanieve o granizo. Este proceso se llama **precipitación** y ocurre cuando las gotitas de agua de las nubes son demasiado numerosas y pesadas para flotar en el aire. El agua que cae en forma de lluvia, nieve, aguanieve o granizo es agua dulce. Después de caer, parte del agua vuelve a la

Figura 3–5 *El tercer paso del ciclo del agua es la precipitación, que puede producirse en forma de lluvia, nieve, aguanieve o granizo.*

atmósfera con la evaporación. El ciclo del agua continúa y las reservas de agua dulce de la Tierra se renuevan constantemente.

Parte del agua que cae en forma de precipitación corre hacia los estanques, los arroyos, los ríos y los océanos. Otra parte se absorbe en el suelo y se convierte en **agua subterránea**. El agua subterránea es el agua que queda en el suelo. En algún momento, el agua subterránea corre por debajo de la superficie hacia el mar. Aprenderás más sobre el agua subterránea en la próxima sección.

Agua congelada

Si haces una bola de nieve fresca y la sostienes firmemente entre las manos durante un momento, el calor de tu cuerpo hará que la nieve se derrita. La nieve es una forma sólida del agua. También observarás que parte de la nieve que has apretado entre las manos se convierte en hielo. Lo mismo ocurre cuando cae nieve nueva sobre nieve antigua. La presión de la nieve apilada hace que parte de ésta se convierta en hielo. Con el tiempo se forma un **glaciar.** Un glaciar es una enorme masa de agua y nieve en movimiento.

ACTIVIDAD

PARA AVERIGUAR

Modelo del ciclo del agua

1. Echa sal en un frasco pequeño lleno de agua hasta que no puedas disolver más. Vierte un centímetro del agua salada en un recipiente grande de boca ancha.

2. Coloca en el centro del recipiente un vaso de papel lleno hasta la mitad de arena

3. Cubre la boca del frasco con una película de plástico. Asegura la película con una liga.

4. Coloca una pequeña piedra o un peso sobre el plástico directamente sobre el vaso de papel.

5. Pon el frasco al sol. Después de varias horas, observa lo que ocurre. Levanta con cuidado la película y trata de recoger algunas gotas de agua adheridas al lado inferior. Prueba el agua.

¿Para qué hay que sellar el recipiente? ¿Qué has observado acerca del sabor del agua? ¿Qué procesos del ciclo del agua hay en este modelo?

■ Prepara otro modelo para mostrar el efecto de la temperatura en el ciclo del agua.

El ciclo del agua

Escribe un ensayo de 250 palabras describiendo el ciclo del agua. Usa en tu ensayo las siguientes palabras:
 ciclo del agua
 vapor
 evaporación
 condensación
 precipitación
 agua subterránea
 escurrimiento superficial
 vertiente

Los glaciares se forman en zonas muy frías, como las montañas muy altas y cerca de los polos. A causa de las temperaturas extremadamente frías, la nieve que cae no se derrite por completo. A medida que cae más nieve, esta nieve cubre la nieve más antigua y a medida que se acumula, la presión sobre la nieve antigua oprime los cristales de nieve. Con el tiempo se forma hielo. Cuando las capas de hielo se hacen muy espesas y pesadas, el hielo empieza a moverse.

Los glaciares contienen alrededor del 2% del agua dulce disponible de la Tierra. A medida que las fuentes se hacen más escasas, los científicos están tratando de idear formas de usar estas reservas congeladas de agua dulce.

GLACIARES DE VALLE   Los glaciares largos y estrechos que descienden por las pendientes escarpadas de los valles montañosos se llaman **glaciares de valle.** Generalmente, siguen los canales formados antiguamente por el agua. A medida que descienden, se curvan para adecuarse a la forma del suelo circundante. Las paredes de los valles y el peso del hielo impiden que el glaciar se rompa, pero la superficie del hielo se agrieta. Las grietas en la superficie de los glaciares se llaman fisuras.

Al deslizarse, los glaciares desgarran fragmentos de roca de las laderas. Esos fragmentos quedan congelados en el glaciar y cortan surcos profundos en las paredes de los valles. Los fragmentos más pequeños alisan las paredes de los valles de manera

Figura 3–6 *Los glaciares de valle son glaciares largos y estrechos que descienden entre los valles de las montañas. Se ven aquí glaciares de valle en los Alpes (izquierda) y en Alaska (derecha).*

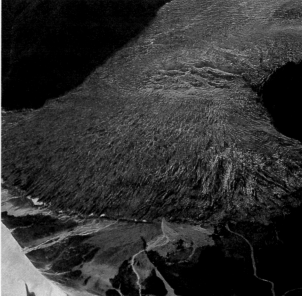

similar a la forma en que el papel de lija de un carpintero alisa la superficie de un mueble de madera.

Todas las montañas, estén cerca del ecuador o de los polos, pueden contener glaciares. En los Estados Unidos hay muchos glaciares. El monte Rainier en el estado de Washington y el monte Washington en New Hampshire contienen pequeños glaciares. También hay glaciares en muchas montañas de Alaska.

A medida que un glaciar avanza, parte del hielo comienza a derretirse y forma una corriente de agua. Esta agua, llamada agua de deshielo, generalmente es casi pura. Algunas ciudades usan agua de deshielo como fuente de agua potable. Boulder, Colorado, usa agua de deshielo del glaciar de Arapaho. El agua de deshielo se usa también en algunas partes para generar electricidad en plantas hidroeléctricas, pero esto plantea algunos problemas. La construcción de canales o tuberías para transportar el agua de deshielo de los glaciares a las ciudades puede ser costosa. Y la construcción de plantas hidroeléctricas en las zonas poco desarrolladas en que están situados los glaciares puede alterar el medio circundante.

GLACIARES CONTINENTALES En las regiones polares, la nieve y el hielo han formado capas muy gruesas. Estas gruesas capas de hielo se llaman **glaciares continentales** o mantos de hielo. Los glaciares continentales cubren millones de kilómetros cuadrados y pueden tener miles de metros de espesor. Los glaciares continentales se mueven lentamente en todas direcciones.

Figura 3–7 *Una fisura, o grieta, en un glaciar puede hacer muy difícil el deporte de escalar montañas.*

Figura 3–8 *Los glaciares continentales como el glaciar de Mertz, en la Antártida, cubren millones de kilómetros cuadrados.*

Hay glaciares continentales en Groenlandia y en la Antártida. Casi el 80% de Groenlandia y más del 90% de la Antártida están cubiertos de hielo. Estos enormes glaciares tienen más de 3200 metros de espesor en el centro. En el futuro, es posible que los glaciares continentales sean otra fuente de agua dulce.

ICEBERGS Al borde del mar, los glaciares continentales forman grandes acantilados. Muchas veces se desprenden de ellos trozos de hielo llamados **icebergs**, que flotan hacia el mar. Algunos icebergs son tan grandes como el estado de Rhode Island. Los mantos de hielo de Groenlandia y de la Antártida son las principales fuentes de icebergs de las aguas del océano.

Los icebergs constituyen un problema grave para la navegación. En 1912, el transatlántico *Titanic* se hundió después de chocar con un iceberg en el Atlántico Norte. Se perdieron muchas vidas cuando este buque, que se creía que no podía hundirse, se precipitó al fondo del océano en su primer viaje. Las vías marítimas están ahora constantemente patrulladas por buques y aeronaves que vigilan los icebergs.

Gran parte del agua dulce está congelada en forma de icebergs. Se ha pensado en remolcar icebergs hacia las zonas que necesitan agua dulce, como los desiertos. Pero el transporte de icebergs desde Groenlandia y la Antártida plantea varios problemas. En primer lugar, es preciso evaluar los efectos de un iceberg en las condiciones atmosféricas locales. En segundo lugar, es preciso tener en cuenta el costo y el tiempo que entrañan el transporte del iceberg.

Figura 3–9 *Los icebergs, que pueden tener formas espectaculares, son grandes trozos de hielo desprendidos de los glaciares que flotan en el mar. Sólo una parte pequeña de un iceberg flota sobre el agua.¿Puedes explicar el sentido de la frase "la punta del iceberg"?*

En tercer lugar, los científicos deberían encontrar formas de impedir que el iceberg se derritiera durante el viaje por el océano. ¿Puedes pensar en formas de usar los icebergs?

Agua corriente

Los ríos y arroyos son fuentes importantes de agua. Muchas ciudades se construyeron cerca de ríos y arroyos. El agua se usa para regar cultivos, para generar electricidad, para beber y para otros usos domésticos. Los ríos y arroyos se usan también para el recreo, como pescar, nadar y pasear en bote. La industria y el comercio dependen de los ríos para transportar suministros, equipos y productos terminados. El agua de los ríos y arroyos se usa también para enfriar algunos procesos industriales. Antiguamente, las industrias y las ciudades usaban los ríos y arroyos como alcantarillas naturales para sus desechos. Actualmente, aunque la contaminación sigue siendo un problema, hay controles estrictos que regulan las clases y las cantidades de desechos que se pueden arrojar a los ríos y los arroyos.

La lluvia y la nieve derretida que no se evaporan ni se absorben en el suelo fluyen hacia los ríos y los arroyos. El agua que entra a un río o a un arroyo después de una lluvia copiosa o durante un deshielo primaveral se llama **escurrimiento superficial.**

La cantidad de escurrimiento superficial se ve afectada por varios factores. Un factor es el tipo de suelo en que cae la precipitación. Algunos suelos

ACTIVIDAD

PARA CALCULAR

Tengo sed

Una persona promedio necesita unos 2.5 litros de agua por día para vivir.

Usa esta cantidad para calcular el agua que necesita por año una persona promedio. ¿Cuánta agua necesita tu clase para vivir un día?, ¿y un año?

Figura 3–10 *El agua de los ríos y arroyos es un recurso importante. Se usa para regar cultivos y para generar electricidad en las plantas hidroeléctricas.*

Figura 3–11 *En el curso de millones de años, el río Colorado ha formado el Gran Cañón del Colorado en la corteza rocosa de la Tierra.*

absorben más agua que otros. Esos suelos tienen más espacio entre sus partículas. Los espacios entre partículas de suelo se llaman **espacio de poros.** Cuanto más espacio de poros tiene un suelo, más agua retendrá. La condición del suelo afecta también la cantidad de escurrimiento. Si está seco, absorberá una gran cantidad de agua y reducirá el escurrimiento superficial. Si está mojado, no absorberá mucha agua y aumentará el escurrimiento superficial.

Las plantas que crecen en una zona afectan también el escurrimiento superficial. Las raíces absorben agua del suelo. Donde hay muchas plantas se absorben grandes cantidades de agua y hay menos escurrimiento superficial. La estación del año es otro factor que afecta el volumen de los escurrimientos. Hay más escurrimiento en las estaciones lluviosas, y durante la primavera, en las zonas en que se derriten grandes cantidades de nieve.

Una zona en que los escurrimientos fluyen a un río o un sistema de ríos y arroyos se llama **cuenca.** Las cuencas pueden tener distintos tamaños. Las muy grandes cubren millones de hectáreas y vierten sus aguas en los océanos. Las cuencas previenen las inundaciones y la escasez de agua al controlar la cantidad de agua que fluye hacia los arroyos y los ríos. Proporcionan también un flujo constante de agua dulce hacia los océanos. ¿Cómo crees que la construcción de carreteras en una cuenca podría afectar los ríos y los arroyos cercanos?

ACTIVIDAD

PARA CALCULAR

La cuenta del agua

En algunas zonas, un organismo estatal o privado suministra el agua y cobra a los hogares por el agua que usan. Si un hogar promedio usa 38,000 litros de agua por mes y el costo del agua es $0.50 por 1000 litros, ¿cuál será la cuenta de agua a fin de mes? ¿Cuál será el aumento si el costo sube a $0.65 por 1000 litros?

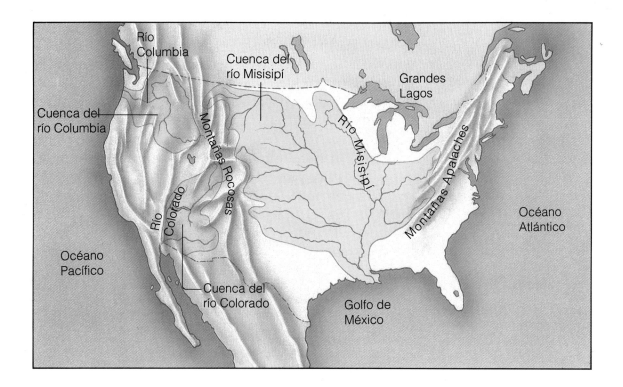

Figura 3–12 *En este mapa se indican las principales cuencas de los Estados Unidos. ¿Cuál es la mayor?*

Muchos ríos son fuentes de agua dulce. La cantidad de agua de un río y la velocidad con que fluye afectan su utilidad como fuente de agua dulce. Los ríos que se mueven rápidamente transportan una gran cantidad de agua pero arrastran también una gran cantidad de tierra, guijarros y otros sedimentos. El agua de esos ríos suele parecer turbia. Los ríos que se mueven lentamente no arrastran tantos sedimentos y sus aguas son más claras. Estos ríos son mejores fuentes de agua para beber.

En los últimos años, la contaminación ha afectado la utilidad de los ríos y los arroyos como fuentes de agua dulce. Si en la ribera de un río o un arroyo hay muchas fábricas que descargan desechos en el agua, ésta se contamina. Es preciso limpiar el agua de un río o un arroyo contaminado antes de poder utilizarla. Algunos ríos están tan contaminados que no pueden usarse como fuente de agua dulce.

Agua en reposo

Dentro de una cuenca parte de los escurrimientos quedan atrapados en lugares bajos. Se forman ahí masas de agua dulce estancada. Según su tamaño, esas masas de agua se llaman lagos o estanques.

Figura 3–13 *Nuestras reservas de agua dulce disminuyen cada año a causa de los desechos peligrosos que se arrojan al agua. ¿Cómo puedes ayudar a reducir la contaminación?*

Pozo de actividades

¿Cómo se mueve un pez?, p. 168

Al igual que los ríos y los arroyos, los lagos y los estanques reciben el agua del suelo. Los escurrimientos superficiales impiden que los lagos y los estanques se sequen. En muchas partes, estas masas de agua son fuentes importantes de agua dulce. El lago Moosehead, en Maine, es una fuente natural de agua dulce. Tiene 56 kilómetros de largo y entre 3 y 16 kilómetros de ancho. Los bosques de pinos de las costas del lago retienen enormes cantidades de agua de las lluvias y la nieve derretida. El agua fluye lentamente hacia el lago, de modo que no es probable que éste se inunde. En tiempos de sequía (períodos largos con poca lluvia), el lago mantiene reservas de agua.

LAGOS Y CHARCAS Los lagos son generalmente depresiones grandes y profundas en la corteza de la Tierra que se han llenado de agua. La lluvia, la nieve derretida, el agua de los manantiales y los ríos y los escurrimientos superficiales llenan esas depresiones. A veces se forma un lago cuando hay una obstrucción natural en un río o un arroyo. Hay lagos en muchos lugares de la Tierra, frecuentemente en zonas altas y en sitios donde hubo glaciares antes.

Las charcas son depresiones menos profundas que se han llenado de agua dulce. Son generalmente más pequeñas y menos profundas que los lagos. La luz solar puede penetrar hasta el fondo de las charcas. Las plantas necesitan luz para producir alimentos, y es posible por eso encontrar plantas a través de una charca. Los lagos suelen tener en cambio partes muy profundas adonde no llega el sol. ¿Encontrarás plantas en el fondo de un lago profundo?

Figura 3–14 *Hay agua en reposo en los lagos y los estanques de todo el mundo. ¿Cuál es la diferencia entre un lago y una charca?*

EMBALSES Las fuentes más utilizadas de agua dulce son lagos artificiales llamados **embalses**. Se construye un embalse levantando una presa en un arroyo o un río que atraviesa una zona baja. El agua se acumula detrás de la presa y forma un embalse. Se han construido embalses cerca de las ciudades y los pueblos y en las regiones montañosas de todo el país.

Los embalses sirven para muchos fines. Ayudan a prevenir las inundaciones al controlar el agua durante los períodos de lluvias y escurrimientos abundantes. En los períodos secos, los embalses sirven como fuentes de agua potable para los pueblos y las ciudades cercanas. En algunas zonas, los embalses proporcionan agua para los cultivos. El agua de los embalses puede utilizarse también para generar electricidad. Las plantas hidroeléctricas se construyen en las paredes de un embalse. El agua de los embalses puede generar electricidad cuando pasa a través de turbinas conectadas a las presas. Las plantas hidroeléctricas convierten la energía del agua en movimiento en energía eléctrica.

Sin embargo, un embalse no puede usarse para todos los fines al mismo tiempo. ¿Por qué? Supón que un embalse se use para conservar agua. Si se quiere usar el agua para generar electricidad será preciso sacar el agua del embalse, y éste ya no almacenaría agua.

Figura 3–15 *Los efectos de una sequía en California en el año 1991 se observan en el bajo nivel de agua del embalse de San Luis.*

3–1 Repaso de la sección

1. ¿Cuáles son las principales fuentes de agua dulce en la superficie terrestre?
2. ¿Qué parte de las reservas de agua dulce de la Tierra está disponible para su uso? ¿Dónde está la mayor parte del agua dulce de la Tierra?
3. Haz un esbozo del ciclo del agua.

Pensamiento crítico—*Aplicar conceptos*
4. Un constructor quiere cortar todos los árboles en el area de una cuenca para construir casas. ¿Cuáles serían algunos de los efectos de esto en la cuenca, los ríos y arroyos cercanos?

ACTIVIDAD

PARA CALCULAR

Energía hidroeléctrica

El potencial hidroeléctrico total del mundo asciende a 2,250 millones de kilovatios. Sin embargo, sólo se utilizan 363 millones de kilovatios. Los Estados Unidos usa una sexta parte de la energía hidroeléctrica del mundo. Calcula el porcentaje de la energía hidroeléctrica del mundo que se utiliza. ¿Qué porcentaje de la energía hidroeléctrica se usa en Estados Unidos?

Agua y más agua— y todos quieren usarla

No hay nada más apacible que el sonido de las gotas de lluvia en una ventana. La mayoría de las actividades al aire libre se aplazan cuando cae una lluvia copiosa. Pero puedes estar seguro de que en algún momento dejará de llover y volverá a brillar el sol. Es posible que no te alegre que llueva, pero deberías estar agradecido. La lluvia repone las reservas de agua dulce de la Tierra.

Todas las formas de vida de la Tierra necesitan agua. Sin agua, la Tierra sería un planeta seco y sin vida. Visita un desierto después de una buena lluvia y verás que crecen plantas en las arenas antes secas. Esas plantas aprovechan la lluvia para formar semillas antes de que el suelo vuelva a resecarse.

Los seres humanos usan grandes cantidades de agua dulce. La familia norteamericana media usa 760 litros de agua por día, y no sólo para calmar su sed. Casi la mitad se usa para arrastrar desechos y para bañarse. Se usan 75 o más litros cada vez que un lavaplatos o un lavarropas limpia lo que ensuciamos.

La *tecnología* para manufacturar los muchos productos que contribuyen a nuestra forma de vida usa agua, a menudo mucha agua. Por ejemplo, se usan 3.8 millones de litros de agua para producir una tonelada de cobre, que se usa para hacer cables eléctricos y los peniques en nuestro bolsillo. Se usan casi 1.1 millones de litros de agua para producir una tonelada de aluminio, que se usa en utensilios de cocina y envases para alimentos. Se necesitan 3.7 litros de agua para fabricar una página de este libro. Espero que pienses que valió la pena.

3–2 Agua dulce bajo la superficie de la Tierra

No toda el agua que cae en forma de lluvia, nieve, aguanieve o granizo corre hacia los lagos, charcas, ríos y arroyos. Parte del agua se escurre en el suelo. El agua contenida en el suelo es uno de los recursos más importantes de la Tierra. Hay más agua dulce bajo la superficie de la Tierra que en todos los lagos y embalses sobre la superficie.

Agua subterránea

Si vives en una zona rural, probablemente no obtienes agua de un embalse o un río sino de un pozo. Como has aprendido en la sección anterior, el agua almacenada en el suelo se llama agua subterránea. En muchas zonas, el agua subterránea es una fuente constante de agua dulce.

Hay agua subterránea porque las distintas formas de precipitación—lluvia, nieve, aguanieve y granizo—no se detienen cuando llegan al suelo. Siguen avanzando lentamente hacia abajo a través de los poros, o los espacios, de las rocas y el suelo. Si las rocas y el suelo tienen muchos poros entre sus partículas, pueden retener grandes cantidades de agua. La arena y la grava son dos tipos de suelo con muchos poros.

A medida que el agua se filtra hacia abajo, pasa a través de capas de roca y de suelos que le permiten moverse rápidamente. Las sustancias a través de las cuales el agua puede moverse rápidamente se describen como **permeables.** La piedra calcárea es muy permeable, pero la arcilla, que tiene poros pequeños, no lo es tanto. La arcilla se describe a veces como **impermeable.**

ZONAS SUBTERRÁNEAS El agua subterránea sigue descendiendo a través de las rocas y los suelos permeables hasta que llega a una capa impermeable y no puede seguir avanzando. El agua subterránea llena entonces todos los poros por encima de la capa impermeable. Esta región subterránea en que

Guía para la lectura
Piensa en estas preguntas mientras lees.

▶ *¿Cómo se forma el agua subterránea?*

▶ *¿Por qué es importante el agua subterránea?*

Figura 3–16 *Parte del agua que cae en forma de lluvia, nieve, aguanieve o granizo se absorbe en el suelo. En algunos lugares, el agua está muy cerca de la superficie y puede usarse un pozo como éste para sacar agua.*

todos los poros están llenos de agua se llama **zona de saturación**.

Un ejemplo tomado de la cocina te ayudará a entender lo que pasa cuando los espacios del suelo se llenan de agua. Quizás nunca hayas mirado de cerca una esponja de cocina. Cuando está apenas húmeda, sólo algunos de los espacios están llenos de agua. La mayoría contienen aire. Cuando pones la esponja en el agua, se hincha de agua hasta que todos los espacios se llenan y la esponja ya no puede retener más agua. El suelo actúa de manera muy parecida a la esponja. Una vez que los espacios en el suelo se llenan, el suelo se satura y ya no puede retener más agua.

Por encima de la zona llena de agua, el suelo no está tan húmedo. Los poros de la tierra y de las rocas están llenos principalmente de aire. La región más seca en que los poros están llenos principalmente de aire se llama la **zona de aireación**.

La superficie entre la zona de saturación y la zona de aireación es un límite importante. Marca el

Figura 3–17 *Éste es un corte de las zonas de agua subterránea. ¿Qué separa la zona de aireación de la zona de saturación?*

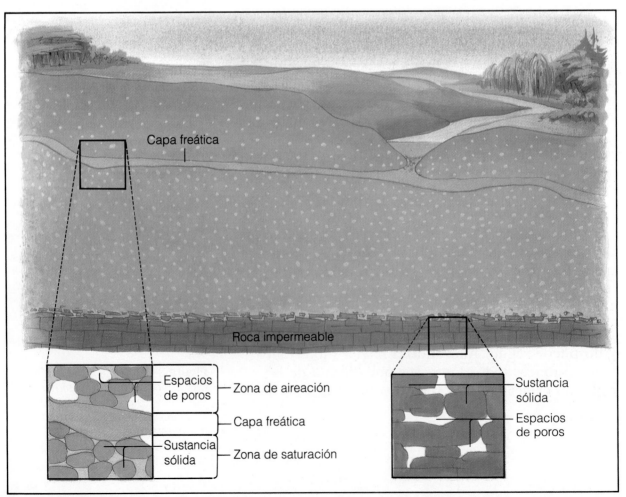

Capa freática

Roca impermeable

Espacios de poros — Zona de aireación

Capa freática

Sustancia sólida — Zona de saturación

Sustancia sólida

Espacios de poros

Figura 3–18 *¿Qué factores influyen en los niveles de la capa freática en esta marisma (izquierda) y en este oasis del Sahara (derecha)?*

nivel por debajo del cual el suelo está saturado con agua. Este nivel se llama **capa freática** (figura 3–17).

A la orilla del mar, es fácil encontrar la capa freática. Si cavas 10 o 20 centímetros, verás que el pozo se llena de agua. Haz encontrado la capa freática. En general, la capa freática no está muy profunda cerca de una gran masa de agua.

En las zonas cercanas a colinas o montañas, la capa freática puede estar muy por debajo del suelo. En las zonas bajas como los valles con pantanos o marismas, puede estar cerca de la superficie o en la superficie. La profundidad de la capa freática varía también con el clima. Puede estar muy profunda en las zonas secas, como los desiertos, y cerca de la superficie en las zonas boscosas húmedas y bajas. En las regiones con clima muy húmedo, la capa freática puede llegar a la superficie en la forma de un pantano, un lago o una fuente. ¿Por qué crees que las zonas bajas tienen una capa freática cercana a la superficie?

Incluso en la misma zona, la profundidad de la capa freática puede variar. Las lluvias intensas y la nieve derretida pueden hacer que la capa freática suba. Si hay un período largo de sequía, bajará. La profundidad variará también si se usan demasiado los pozos o si hay muchos pozos en una zona pequeña.

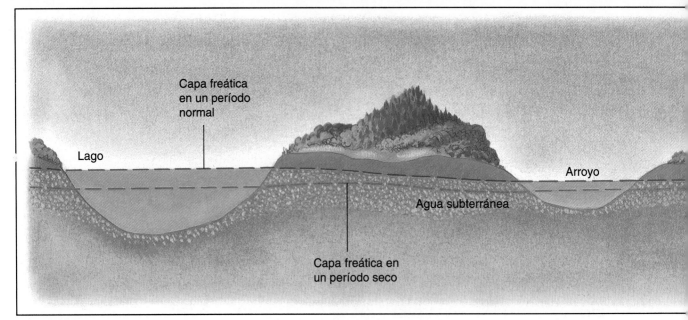

Figura 3–19 *La capa freática sigue la forma de la Tierra. A veces se forman fuentes, marismas y charcas donde la capa freática llega a la superficie. ¿Qué pasa con la capa freática durante un período de sequía?*

Los pozos son agujeros perforados o cavados hasta la capa freática para traer agua. Cuando se usan muchos pozos en una zona, es posible que se extraiga tanta agua de la capa freática que sólo se pueda bombear agua de pozos muy profundos. En la figura 3–19 se muestran algunas características de la capa freática.

La profundidad de la capa freática puede tener otros efectos. Para construir cimientos adecuados para un edificio alto, el constructor necesita cavar un pozo profundo. En algunos lugares de la ciudad de Nueva York, la capa freática está muy alta y el pozo se llena rápidamente de agua, que es preciso extraer con bombas para poder construir. Este trabajo adicional aumenta el costo de los edificios. En algunas zonas, se cavan pozos para obtener agua para uso doméstico. Es relativamente poco costoso cavar un pozo en las zonas donde la capa freática está alta, pero en las zonas en que está muy profunda, puede ser muy caro. Recuerda que, cualquiera sea el sitio en que vivas, siempre hay una capa freática. Y si cavas lo suficiente siempre la encontrarás.

ACUÍFERA Cuando el agua subterránea se mueve a través de una capa de roca permeable, llega muchas veces a una capa de roca impermeable o a la capa freática. Al llegar allí, es posible que se mueva lateralmente a través de una capa de roca o sedimento que le permita pasar libremente. Esa capa se llama **acuífera.** Las acuíferas son generalmente capas de piedra arenisca, grava, arena o roca calcárea agrietada.

Fuente

Arroyo

Pantano

Mar

Debido a que las rocas se forman en capas, es posible que una capa de roca permeable quede atrapada entre dos capas de roca impermeable. La piedra arenisca (roca permeable) atrapada entre dos capas de esquistos (roca impermeable) es un ejemplo de esto. Si la capa de arenisca contiene agua, se forma una acuífera. También puede formarse una acuífera cuando el suelo saturado de agua subterránea está encima de una capa de roca impermeable.

Una acuífera es una fuente de agua subterránea. Para llegar a esta agua, muchas veces se cava o se perfora un pozo hasta la acuífera. El agua subterránea se mueve hacia el hueco del pozo y forma un estanque. Cada vez que se bombea agua del pozo, se mueve más agua de la acuífera hacia el hueco del pozo. Los condados de Nassau y Suffolk en el estado de Nueva York extraen gran parte del agua que usan sus habitantes de enormes acuíferas.

A causa de que estas fuentes de agua subterránea son sumamente vulnerables a la contaminación, cualquier contaminante que se añade a una acuífera puede difundirse por toda la acuífera y poner en peligro fuentes de agua distantes del punto de origen de los contaminantes.

Donde las capas de roca subterránea están en declive, una acuífera lleva agua de las zonas altas a las bajas. Si la acuífera está atrapada entre dos capas de roca impermeable, es posible que aumente la presión en la parte

ACTIVIDAD

PARA AVERIGUAR

La sequía y la capa freática

1. Llena hasta la mitad con arena una fuente de horno profunda y transparente. Asegúrate de que la arena cubra el fondo.

2. Añade lentamente agua hasta que se vea 1 centímetro de agua por encima de la superficie de la arena.

3. Añade más arena por encima del agua solamente en la mitad de la fuente.

4. Observa el nivel del agua durante los próximos días.

¿Qué cambios observas en el nivel del agua?

■ ¿Qué diferentes condiciones de la capa freática representa tu modelo?

■ Diseña un experimento para mostrar el efecto de una sequía en la capa freática en una zona con suelo arcilloso.

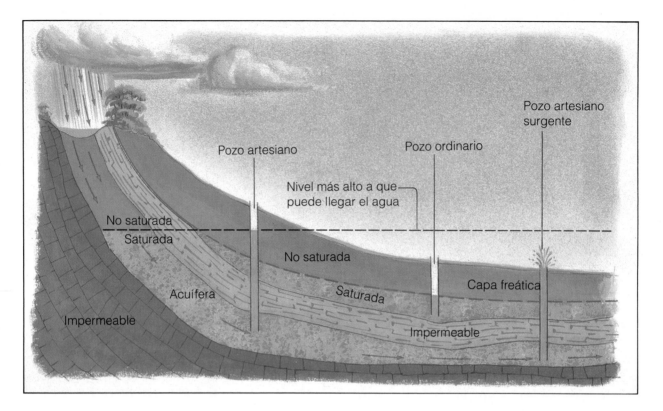

Figura 3–20 *Se puede obtener*
agua de una acuífera mediante un
pozo ordinario o un pozo artesiano.
La presión del agua en el pozo
artesiano depende de cuán cerca
está el pozo de la capa freática.

más baja. Un pozo perforado en la acuífera en ese
punto proporcionará agua sin necesidad de bombear.
Un pozo en que el agua fluye sola sin necesidad de
bombear se llama artesiano (figura 3–20).

Formaciones subterráneas

En algunas zonas, la roca subterránea es calcárea.
Ya que la roca calcárea se ve afectada por el agua de
una manera especial, muchas veces se forman **cavernas**
subterráneas en esas zonas. A medida que el agua se
escurre a través del suelo, se combina con dióxido de
carbono para formar un ácido débil que disuelve la
piedra calcárea. Este ácido, llamado ácido carbónico, es
el ácido débil que se encuentra en muchas bebidas
gaseosas. Probablemente lo conoces como el "gas" de
las bebidas gaseosas.

Cuando el agua subterránea penetra en las grietas
de la piedra calcárea, el ácido carbónico que contiene
hace que las grietas se ensanchen. Si este proceso
continúa durante mucho tiempo, pueden formarse
pasajes subterráneos suficientemente grandes para
caminar por ellos.

A veces se forman grandes cavernas subterráneas
con muchos corredores. Si caminas a través de esas
cavernas, verás lo que parecen largos carámbanos de

Figura 3–21 *Este sumidero*
gigantesco en Winter Park, Florida,
se formó cuando el agua subterránea
disolvió la base de roca calcárea
sobre la cual se construyó parte del
pueblo.

piedra que cuelgan del techo. Estos carámbanos se llaman estalactitas. Las estalagmitas tienen la misma forma, pero están en el piso de las cavernas. Las estalactitas y las estalagmitas se forman cuando se depositan sustancias disueltas en el agua subterránea. Aprenderás más sobre las propiedades de disolución del agua en la próxima sección.

Figura 3–22 *En muchas cavernas se forman lagos subterráneos cuando el agua avanza a través de la piedra calcárea. Este lago está en las Cuevas de Hams, en España. ¿Cómo se llaman las formaciones que cuelgan del techo y que se levantan del suelo?*

3–2 Repaso de la sección

1. ¿Cómo se forma el agua subterránea?
2. ¿Cuáles son las tres zonas subterráneas a través de las cuales se mueve el agua subterránea?
3. ¿Qué causa las diferencias en la profundidad de la capa freática?
4. Describe la formación de los siguientes elementos: acuífera, pozo artesiano, caverna.

Conexión—*Ecología*
5. El administrador de una fábrica, aduciendo que es demasiado costoso transportar los contaminantes peligrosos lejos de la planta, propone que se cave un pozo profundo en la tierra, al costado del edificio de la fábrica, y que se arrojen en él los desechos. ¿Puedes predecir los efectos de esa acción en el agua que se bombea de pozos situados a corta distancia de esta fábrica?

3–3 El agua como solvente

El agua es la sustancia más común de la Tierra. Existe en forma sólida, líquida o gaseosa y se mueve en un ciclo entre los océanos, el aire y la tierra, cambiando de forma a medida que avanza a través de ese ciclo. En esta sección, observaremos la composición química del agua y algunas de sus propiedades importantes.

Composición del agua

Una molécula de agua es la partícula más pequeña de agua que tiene todas sus propiedades. Se forma cuando se combinan dos átomos de hidrógeno y un átomo de oxígeno. (Los átomos son los bloques básicos de toda materia.) La fórmula química del agua es H_2O. Como puedes ver, esta fórmula describe el número de átomos de hidrógeno (2) y de oxígeno (1) que se combinan para formar una molécula de agua.

En una molécula de agua, el átomo de oxígeno tiene una carga ligeramente negativa (–). Cada átomo de hidrógeno tiene una carga ligeramente positiva (+). Una molécula de agua tiene así extremos con cargas opuestas (figura 3–23). Estos extremos cargados dan a la molécula de agua la propiedad conocida como **polaridad.** Tal vez conozcas la polaridad cuando se aplica a un imán. Un imán tiene dos polos, uno positivo y uno negativo. Cada polo atrae el polo con carga opuesta de otro imán.

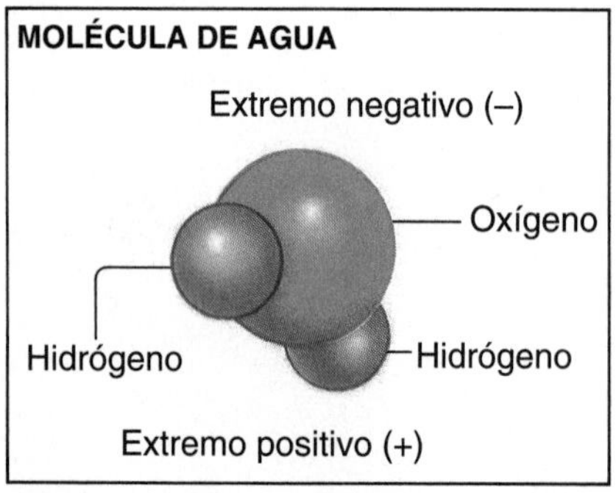

La polaridad de las moléculas hace que el agua sea un **solvente.** Un solvente es una sustancia en la que se disuelve otra sustancia. El proceso produce una **solución.** Una solución contiene dos o más sustancias mezcladas al nivel molecular.

Por ejemplo, si echas una pequeña cantidad de sal en un recipiente con agua, la sal se disolverá en el agua. Aunque no puedas ver la sal disuelta, sabrás que está ahí si pruebas el agua. Las moléculas de agua, por tener extremos con cargas opuestas, atraen las partículas cargadas que forman la sal. Es como si las moléculas de agua "arrastraran" las partículas cargadas de la sal sólida, disolviendo la sal.

MOLÉCULA DE AGUA

Extremo negativo (–)

Oxígeno

Hidrógeno

Hidrógeno

Extremo positivo (+)

Figura 3–23 *Una molécula de agua exhibe la propiedad de la polaridad. ¿Por qué es importante ésta propiedad?*

A causa de esa polaridad, el agua puede disolver muchas sustancias diferentes. Puede disolver tantas sustancias que se le llama el solvente universal. Probablemente usas agua como solvente todos los días sin darte cuenta. Por ejemplo, se disuelven sabores y dióxido de carbono en el agua para hacer bebidas gaseosas. De hecho, todas las bebidas contienen sustancias disueltas en agua. ¿Qué otros productos que se hacen con agua puedes mencionar?

Los agricultores usan agua para disolver fertilizantes para los cultivos. En muchos medicamentos se usa agua para disolver la medicación. Se disuelven algunos minerales y productos químicos en el agua en las plantas de tratamiento de agua para eliminar minerales, productos químicos y desechos nocivos. Por ejemplo, se añade cloro, un producto químico que mata las bacterias, en el agua potable. En algunas ciudades y pueblos, también se añaden fluoruros al agua. Los fluoruros disueltos ayudan a prevenir las caries dentales.

Figura 3–24 *En esta planta de tratamiento de aguas de California, se usan jacintos acuáticos para ayudar a purificar el agua "sucia".*

PROBLEMA
a resolver

¡Qué dulzura!

Varios factores afectan la velocidad a que se disuelve una sustancia en el agua.

Hacer inferencias Usa la fotografía para determinar estos factores.

Figura 3–25 *Cuando el agua se evapora de estas aguas termales, deja atrás pilas de sal. ¿Es más probable que el agua sea, "dura" o "blanda"? ¿Por qué?*

Dureza del agua

El sabor, el olor y el aspecto del agua varían de zona en zona. Las diferencias dependen de las cantidades y tipos de materias disueltos en el agua.

El agua que bebes puede provenir de una fuente superficial o una fuente subterránea. Puede ser "dura" o "blanda." La dureza o la blandura del agua dependen de la fuente de agua y de los tipos de rocas y de suelos con que el agua entra en contacto. El **agua dura** contiene grandes cantidades de minerales disueltos, especialmente calcio y magnesio. El jabón no hace espuma fácilmente en el agua dura. El agua dura también hace que se formen depósitos de minerales en los calentadores de agua y los sistemas de tuberías. El **agua blanda** no contiene esos minerales. El jabón hace espuma fácilmente en el agua blanda y no se forman depósitos de minerales.

A veces el agua se suaviza naturalmente cuando pasa a través de formaciones rocosas que contienen ciertos minerales. Esos minerales quitan el calcio y el magnesio del agua y hacen que se convierta en agua blanda. Muchas casas con agua dura tienen suavizadores de agua que extraen los minerales que hacen que el agua sea dura. ¿Sabes qué tipo de agua hay en tu casa? ¿Cómo podrías hacer un experimento para averiguarlo?

Calidad del agua

El agua es necesaria para todo ser viviente en la Tierra. Es por eso importante mantener la calidad del agua. Lamentablemente, muchas de las fuentes de agua dulce están siendo contaminadas. En la naturaleza, el agua se filtra cuando pasa por el suelo y la arena. Esta filtración elimina las impurezas. Pero el vertimiento indiscriminado de aguas cloacales, sedimentos, desechos industriales y pesticidas en el agua ha causado muchos problemas graves. Debido a que tantas sustancias diferentes pueden disolverse en el agua, el agua está contaminándose cada vez más.

La contaminación del agua limita la cantidad y los tipos de animales y plantas silvestres que pueden vivir en el agua. Afecta también la disponibilidad de agua potable y destruye zonas de recreo. Entre los productos químicos que hacen que el agua se contamine están los nitratos y los fosfatos. Estos productos se usan en la agricultura para estimular el crecimiento de las plantas y para matar insectos dañinos. En muchas zonas el agua subterránea contiene nitratos y fosfatos que deben eliminarse antes de poder usar el agua para beber o para nadar.

Se han aprobado leyes federales que prohiben que la industria arroje que ciertos desechos químicos en las aguas de la Tierra. Se están construyendo sistemas de tratamiento de aguas residuales para eliminar la contaminación antes de que el agua entre a los ríos y los lagos. Aunque la Tierra se llama el planeta acuático (y las reservas de agua parecen ilimitadas), la verdad es que tenemos reservas limitadas de agua dulce. Esas aguas deben protegerse de las fuentes de contaminación. ¿Puedes pensar en otras medidas que podrían adoptarse para lograr esto?

Figura 3–26 *Uno de los problemas más graves que enfrenta la sociedad es la contaminación de sus reservas de agua. Puedes ver aquí un derramamiento de petróleo en la bahía de Galveston, en Texas.*

3–3 Repaso de la sección

1. Describe la estructura de una molécula de agua. ¿Cómo se relaciona esta estructura con su capacidad de actuar como solvente?
2. ¿Qué es agua "dura"?, ¿Qué es agua "blanda"?
3. ¿Cuáles son tres fuentes de contaminación del agua?, ¿Por qué es preciso proteger las reservas de agua de los contaminantes?

Pensamiento crítico—*Diseñar un experimento*
4. Diseña un experimento para comparar la dureza de dos fuentes de agua utilizando solamente sustancias de uso diario. Puedes utilizar agua del grifo de tu casa, agua embotellada o agua de tu escuela o de la casa de un amigo o un pariente

Pozo de actividades
¿Qué efecto tienen los fosfatos en el crecimiento de las plantas?, p. 169

Investigación de laboratorio

Porosidad de distintos suelos

Problema

¿Cómo puede determinarse la capacidad de retención de agua, o porosidad, de distintos suelos?

Materiales *(por grupo)*

250 mL·de arena
250 mL de arcilla
250 mL de grava
4 vasos de papel pequeños
2 litros de agua
un cilindro graduado de 500 mL

Procedimiento

1. Llena las tres cuartas partes de la taza con arena. Haz lo mismo con arcilla en la segunda taza y con grava en la tercera taza. En la cuarta taza, echa una mezcla de arena, arcilla y grava hasta llenar las tres cuartas partes.

2. Llena el cilindro graduado con agua hasta llegar a la marca de 500 ml. Vierte agua lentamente en la primera taza. Deja que el agua se filtre a través de la arena y añade agua lentamente hasta que se vea una pequeña capa de agua en la superficie de la arena. En ese momento, la arena ya no puede retener más agua.

3. Determina la cantidad de agua que has añadido a la arena restando la cantidad de agua que queda en el cilindro graduado de 500 ml. Anota esta cifra en el lugar apropiado en un cuadro de datos similar al que se muestra aquí.

4. Repite los pasos 2 y 3 para las tazas de arcilla y de grava y para la mezcla de arena, arcilla y grava.

Observaciones

1. ¿Qué tipo de suelo retiene más agua?
2. ¿Qué tipo de suelo retiene menos agua?

Suelo	Cantidad de agua añadida al suelo
Arena	
Arcilla	
Grava	
Arena, arcilla y grava	

Análisis y conclusiones

1. ¿Por qué algunos tipos de suelo retienen más agua que otros?

2. ¿Qué conclusiones pueden extraer sobre la porosidad de las muestras que has utilizado?

3. Si quisieras poner a prueba la porosidad del suelo en el patio de tu escuela, ¿qué procedimiento seguirías? ¿A cuál de las muestras de suelo crees que se parece más el de tu escuela?

4. **Por tu cuenta** ¿Qué efectos te parece que tiene la porosidad del suelo sobre las raíces de las plantas? Diseña un experimento para poner a prueba tu hipótesis.

Resumen de conceptos claves

3–1 Agua dulce en la superficie de la Tierra

▲ El agua dulce—uno de los recursos más preciosos de la Tierra—se encuentra en los lagos, estanques, ríos, arroyos, fuentes y glaciares.

▲ El ciclo del agua es el movimiento continuo del agua de los océanos y de las fuentes de agua dulce hacia el aire, a la tierra y de vuelta a los océanos.

▲ Los tres pasos en el ciclo del agua son la evaporación, la condensación y la precipitación.

▲ Una zona en que los escurrimientos superficiales desembocan en un río o un sistema de ríos y arroyos se llama una cuenca.

3–2 Agua dulce bajo la superficie de la Tierra

▲ El agua dulce que se encuentra debajo de la superficie se llama agua subterránea.

▲ La capa freática es el nivel subterráneo por debajo del cual todos los espacios de poros están llenos de agua. La capa freática separa la zona de aireación de la zona de saturación.

▲ La profundidad de la capa freática depende de la ubicación del agua subterránea, del clima de la zona, de la cantidad de lluvia, del tipo de suelo y del número de pozos que extraen agua.

▲ Las formaciones subterráneas incluyen las cavernas, las estalactitas y las estalagmitas.

3–3 El agua como solvente

▲ Una molécula de agua está formada de dos átomos de hidrógeno combinados con un átomo de oxígeno.

▲ A causa de la polaridad de las moléculas de agua, el agua es un buen solvente. Puede disolver muchas sustancias.

▲ El agua puede ser dura o blanda según las clases y cantidades de minerales que contiene.

▲ Debemos proteger y conservar nuestras fuentes de agua dulce.

Repaso de palabras claves

Define cada palabra o palabras con una oración completa.

3–1 Agua dulce en la superficie de la Tierra
ciclo del agua
evaporación
condensación
precipitación
agua subterránea
glaciar
glaciar de valle
glaciar continental
iceberg
escurrimiento superficial
poro
cuenca
estanque

3–2 Agua dulce bajo la superficie de la Tierra
permeable
impermeable
zona de saturación
zona de aireación
capa freática
acuífera
caverna

3–3 El agua como solvente
polaridad
solvente
solución
agua dura
agua blanda

Repaso del capítulo

Repaso del contenido

Selección múltiple

Escoge la letra de la respuesta que complete mejor cada frase.

1. El movimiento continuo del agua de los océanos y las fuentes de agua dulce al aire y a la tierra y de vuelta a los océanos se llama
   a. ciclo del nitrógeno.
   b. ciclo del agua.
   c. escurrimiento.
   d. ciclo del oxígeno.

2. El proceso por el cual el vapor de agua se convierte en un líquido se llama
   a. precipitación.
   b. evaporación.
   c. condensación.
   d. escurrimiento.

3. Las capas espesas de hielo que se encuentran en muchas regiones polares se llaman
   a. acuíferas.
   b. grietas.
   c. glaciares de valle.
   d. glaciares continentales.

4. El espacio entre las partículas de suelo se llama
   a. espacio de poros.
   b. zona de aireación.
   c. escurrimiento superficial.
   d. polaridad.

5. La región subterránea donde todos los poros están llenos de agua se llama
   a. zona de saturación.
   b. acuífera.
   c. cuenca.
   d. zona de aireación.

6. El nivel por debajo del cual todos los poros del suelo están llenos de agua se llama
   a. capa freática.
   b. agua subterránea.
   c. agua de deshielo.
   d. cuenca.

7. La propiedad del agua que le permite disolver muchas sustancias se llama
   a. dureza.
   b. polaridad.
   c. blandura.
   d. permeabilidad.

8. La sustancia en que otra sustancia se disuelve se llama
   a. solución.
   b. sustancia saturada.
   c. solvente.
   d. molécula.

Verdadero o falso

Si la afirmación es verdadera, escribe "verdad." Si es falsa, cambia las palabras subrayadas para que sea verdadera.

1. El proceso por el cual el agua se convierte en gas es la <u>condensación</u>.

2. La lluvia, la nieve, el aguanieve y el granizo son formas de <u>precipitación</u>.

3. El agua que entra a un río o un arroyo después de una lluvia intensa o cuando se derrite la nieve o el hielo se llama <u>agua subterránea</u>.

4. En las zonas desérticas y secas, la capa freática es generalmente muy poco <u>profunda</u>.

5. Las sustancias a través de las cuales el agua puede moverse rápidamente se describen como <u>saturadas</u>.

Mapa de conceptos

Completa el siguiente mapa de conceptos para la Sección 3–1. Consulta las páginas 16–17 para construir un mapa de conceptos para todo el capítulo.

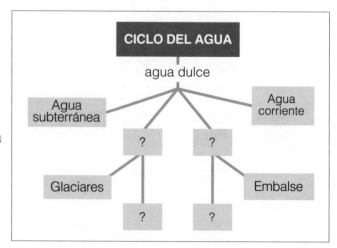

Dominio de conceptos

Comenta cada uno de los siguientes puntos en un párrafo breve.

1. ¿Qué es el ciclo del agua? ¿Cómo renueva este ciclo las reservas de agua dulce de la Tierra?
2. Describe la estructura de una molécula de agua. ¿Cómo afecta esta estructura su capacidad de disolver sustancias?
3. ¿Qué es una vertiente? ¿Por qué son importantes las cuencas?
4. ¿Por qué es importante no contaminar las fuentes de agua subterránea?
5. ¿Cuál es la diferencia entre un lago y un embalse?, ¿Cómo podrían utilizarse ambas masas de agua para abastecer una ciudad?
6. ¿Por qué es importante proteger nuestras fuentes de agua dulce?, ¿Por qué es importante desarrollar nuevas fuentes?
7. ¿Qué es el agua dura?, ¿En qué difiere el agua dura del agua blanda?
8. ¿Qué es una acuífera?, ¿Cómo pueden usarse las acuíferas como fuente de agua dulce?

Pensamiento crítico y solución de problemas

Usa las destrezas que has desarrollado en este capítulo para resolver lo siguiente:

1. **Hacer diagramas** Dos zonas diferentes de los Estados Unidos reciben la misma cantidad de lluvia en un día. El suelo de la zona A tiene muchos poros grandes y rocas de arenisca. El suelo de la zona B es denso y principalmente arcilloso. La zona A es un desierto. La zona B es una marisma. Haz dos diagramas para cada zona: uno que muestre la altura del nivel hidrostático antes de un día de lluvia y el otro la altura del nivel hidrostático después de un día de lluvia.
2. **Diseñar un experimento** Las nubes no son saladas. La sal de los océanos se deja atrás cuando el agua se evapora. Diseña un experimento para ilustrar este hecho. Describe el problema, los materiales, el procedimiento, las observaciones previstas y tus conclusiones.

3. **Aplicar conceptos** Las moléculas de agua tienen polaridad. Explica cómo pueden atraerse entre sí las moléculas de agua. Ilustra tu explicación.
4. **Aplicar conceptos** De los océanos se evapora constantemente agua pura, dejando atrás las sales. Explica por que la salinidad del agua del océano no aumenta con el tiempo.
5. **Relacionar conceptos** Una fábrica vierte desechos químicos nocivos en un enorme pozo cavado en el suelo detrás del edificio. Explica por qué y cómo esos productos químicos podrían afectar un pozo situado en una ciudad a varios kilómetros de distancia del lugar de la fábrica.
6. **Diseñar un experimento** El jabón no hace espuma fácilmente en agua dura. Sin embargo, sí hace espuma en agua blanda. Diseña una prueba sencilla para determinar si el agua del grifo en tu escuela es dura o blanda.
7. **Usar el proceso de la escritura** Desarrolla una campaña publicitaria para advertir a la gente sobre los peligros de contaminar los ríos y los arroyos. Tal vez quieras diseñar un cartel y escribir una carta dirigida a tus vecinos para obtener su ayuda.

Masas continentales

Guía para la lectura

Después de leer las siguientes secciones, podrás

4–1 Los continentes
- Identificar los continentes.
- Explicar las relaciones entre los continentes y las masas continentales terrestres.

4–2 Topografía
- Enumerar las características de las montañas, las llanuras y las mesetas.

4–3 Mapas de la superficie terrestre
- Reconocer la importancia de la longitud y la latitud en los mapas de la Tierra.
- Identificar los husos horarios y las diferencias de hora en los Estados Unidos.

4–4 Mapas topográficos
- Identificar las formas en que se indican las características en los mapas topográficos.

Imagina qué difícil sería visitar por primera vez un lugar extraño sin un mapa para guiarte. Aunque alguien podría darte instrucciones precisas, es ciertamente más fácil, y más útil, mirar un mapa y visualizar el viaje antes de empezar.

Lo mismo se aplica a los pilotos de un avión. Sin mapas, sería muy difícil para un avión salir de Illinois y llegar a Alemania. Sin embargo, con mapas precisos, puedes ver un partido de béisbol en Chicago y un partido de fútbol al día siguiente en Berlín.

A lo largo de la historia, a medida que se exploraba el planeta, los mapas se hacían cada vez más precisos. Para mediados del siglo dieciocho, los mapas mostraban las masas continentales con la misma forma y el mismo tamaño que los mapas actuales. Hoy en día, para trazar mapas, se cuenta con la ayuda de fotografías tomadas desde satélites.

En este capítulo aprenderás acerca de las diferentes características terrestres. Aprenderás también cómo se representan esas características en los mapas y podrás entender mejor los mapas en general.

Diario *Actividad*

Tú y tu mundo Si vives en una ciudad o un pueblo, haz un mapa de tu vecindario. Si vives en una zona rural, haz un mapa de la carretera sobre la que vives. Incluye los lugares interesantes o que ayudarían a un pariente o un amigo a encontrar tu casa si quisiera hacerte una visita.

◄ *En el pasado, había que recurrir a artistas expertos para dibujar mapas de la Tierra. En la actualidad, un nuevo tipo de mapa, hecho mediante miles de imágenes transmitidas por satélite, muestra cuán hermosa es realmente la Tierra.*

4–1 Los continentes

Toda la tierra del planeta está rodeada de océanos. Hay muchas **islas,** o pequeñas masas de tierra completamente rodeadas de agua, esparcidas por los océanos. Pero sólo hay cuatro masas continentales y cada una consiste en uno o más **continentes.** Un continente es una masa continental que mide millones de kilómetros cuadrados y se eleva a una distancia considerable sobre el nivel del mar. Cada continente tiene en su superficie por lo menos una gran zona de rocas antiguas expuestas. Esta zona se llama escudo y forma el núcleo de los continentes. El escudo de América del Norte está en el Canadá.

Hay siete continentes en la Tierra: Asia, África, Europa, Australia, América del Norte, América del Sur y Antártida. Algunos continentes están unidos formando una sola masa continental (figura 4–2). Por ejemplo, Asia y Europa forman una masa continental llamada Eurasia, y África está conectada con Asia por un pequeño trozo de tierra. Estos tres continentes—Asia, África y Europa—forman una gigantesca masa continental, la mayor de la Tierra.

La segunda masa continental está formada por América del Norte y América del Sur. América Central está directamente al sur de América del Norte y forma parte del continente norteamericano. En el punto en que América del Sur se conecta con América Central, se unen los dos continentes.

La tercera masa continental es la Antártida, que tiene el doble del tamaño de Estados Unidos. La primera exploración conocida de la Antártida se realizó en 1901.

La Antártida es muy distinta de los demás continentes. Está cubierta, casi por completo, por el casquete de hielo más grande del mundo, con una

Figura 4–1 *El monte Everest se considera el punto más alto de la Tierra. El más bajo es el mar Muerto. La diferencia en altura entre los dos puntos es de 9200 metros.*

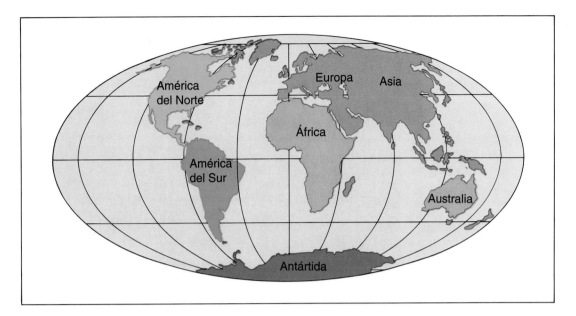

Figura 4–2 *Este mapa muestra las principales islas y los siete continentes del mundo. ¿Qué continentes forman la masa continental más grande de la Tierra?*

superficie de 34 millones de kilómetros cuadrados. El casquete de hielo de la Antártida es tan grande que se extiende en el océano circundante. Contiene casi 90 por ciento del hielo de la superficie terrestre.

La Antártida es, ciertamente, el lugar más frío de la Tierra. En julio de 1983, la temperatura en Vostok, en la Antártida, bajó a casi –89.2° centígrados, la más baja que se haya registrado nunca en la Tierra. Se han construido muchas estaciones científicas en la Antártida. Algunos científicos estudian la vida en el continente, otros estudian el suelo bajo el hielo y otros las condiciones de la atmósfera. Uno de los principales problemas estudiados en la actualidad es el agotamiento de la capa de ozono sobre la Antártida. En los últimos años se han observado allí varios "agujeros." Los científicos estudian esto para determinar los efectos a largo plazo del agotamiento del ozono. Sin embargo, a causa del terrible frío, los científicos que viven y trabajan en la Antártida sólo visitan este continente temporariamente.

Australia es la masa continental más pequeña considerada como continente. Es el único continente que es un solo país. Australia ha sido llamada a veces el continente insular. ¿Por qué crees que se usa este término para describir a Australia?

ACTIVIDAD

PARA CALCULAR

Comparar los continentes

1. Usando un globo terráqueo, traza el contorno de cada uno de los siete continentes. Recórtalos. Traza los contornos sobre papel cuadriculado y sombrea los dibujos.

2. Considera que cada cuadrado del papel es una unidad de superficie. Calcula las unidades de superficie que tiene cada uno de los siete continentes, redondeando hasta la unidad más cercana. Por ejemplo, supón que un continente cubre 45 unidades completas, aproximadamente la mitad de 20 unidades y alrededor de una cuarta parte de 16 unidades. Cubrirá un total de 45 + 10 + 4, ó 59, unidades de superficie.

Enumera los continentes, del más pequeño al más grande.

Figura 4–3 *Australia es un país continente rodeado completamente de agua. Estos empinados arrecifes están sobre el océano Índico.*

4–1 Repaso de la sección

1. Identifica los siete continentes.
2. ¿Qué es una masa continental? ¿Un continente? ¿Una isla?
3. ¿Qué tiene de especial la Antártida? ¿Qué tiene de especial Australia?

Pensamiento crítico—*Aplicar conceptos*
4. Predice qué pasaría si la temperatura media de la Antártida aumentara a 5°C.

Guía para la lectura

Piensa en esta pregunta mientras lees.

▶ *¿Cuáles son los tipos principales de regiones de paisaje?*

4–2 Topografía

A lo largo de miles de millones de años, la superficie de la Tierra ha cambiado muchas veces. Esos cambios se deben a distintos factores. El viento y el calor afectan la superficie. El agua en movimiento altera el paisaje. Los terremotos pueden levantar o aplanar montañas y los volcanes pueden crear nuevas islas. Surtsey, una isla en la costa de Islandia, surgió en 1963 como resultado de erupciones volcánicas submarinas. Los seres humanos alteran también el aspecto de la Tierra. Por ejemplo, se usa maquinaria pesada para alisar la superficie a fin de construir los edificios de las grandes ciudades. ¿Qué otras actividades humanas podrían cambiar la forma de la Tierra?

Los científicos se refieren a la forma de la superficie terrestre como su **topografía.** La topografía está formada por diferentes tipos de **paisajes.** Los paisajes son las características físicas de la superficie terrestre que se encuentran en una región o una zona. En la figura 4–5 se muestran las regiones de paisaje de los Estados Unidos. ¿En qué región de paisaje vives?

Hay tres tipos principales de regiones de paisaje: montañas, llanuras y mesetas. Cada tipo tiene características diferentes. Una de ellas es la **elevación**, o la altura sobre el nivel del mar. Algunas regiones tienen elevaciones altas; otras tienen elevaciones bajas. Dentro de una región de paisaje, la elevación puede variar de sitio en sitio. La diferencia en las elevaciones de una región se llama su **relieve.** Si una región de paisaje tiene un relieve alto, hay grandes diferencias en las elevaciones de distintas zonas dentro de la región. ¿Qué te parece que ocurre en una región de paisaje con un relieve bajo?

Figura 4–4 *Las masas continentales sufren cambios constantes. La isla de Surtsey nació en 1963 a raíz de una erupción volcánica submarina.*

Figura 4–5 *Este mapa muestra las principales regiones de paisaje de la parte continental de los Estados Unidos. ¿Qué tipo de paisaje cubre la mayor parte de la superficie? ¿En qué tipo de paisaje vives?*

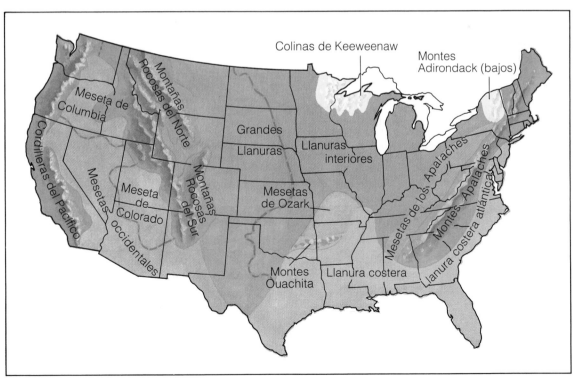

Actividad

PARA CALCULAR

Paisajes montañosos

Las montañas cubren alrededor de la quinta parte de la superficie de la Tierra. La superficie terrestre total es de aproximadamente 148,300,000 km². ¿Cuánto mide la superficie con paisajes de montañas?

Figura 4–6 *Pueden formarse montañas cuando la corteza de la Tierra se rompe en grandes bloques que luego se inclinan o se elevan (arriba). Las montañas plegadas se forman cuando las capas de la corteza se doblan en pliegues como olas (abajo).*

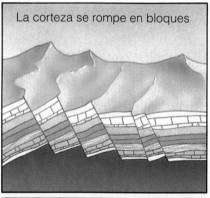

La corteza se rompe en bloques

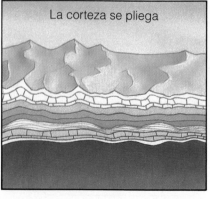

La corteza se pliega

Montañas

Las **montañas** son un tipo de región de paisaje. Son formaciones naturales que alcanzan altas elevaciones, con cumbres o picos estrechos y laderas o lados escarpados. Los paisajes montañosos tienen un relieve muy alto.

¿Cuál crees que es la diferencia entre una colina y una montaña? La mayoría de los geólogos están de acuerdo en que una zona montañosa se eleva por lo menos 600 metros por encima del terreno circundante. Pero la altura real de una montaña se expresa como su altura sobre el nivel del mar. Por ejemplo, el Pico Pikes en Colorado se eleva a 2700 metros sobre el terreno circundante, pero su altura real sobre el nivel del mar es 4301 metros.

La montaña más alta del mundo es el Monte Everest. El Monte Everest forma parte de los Himalayas, una gran cadena de montañas que se extiende en Asia desde el Tibet hasta el Pakistán. Su pico tiene más de 8 kilómetros de altura. La montaña más alta de los Estados Unidos es el Monte McKinley, en Alaska. Tiene más de 6 kilómetros de altura. ¿Cuáles son las montañas cercanas a tu casa?

No todas las montañas se formaron al mismo tiempo. Algunas son muy antiguas y otras relativamente jóvenes. Las montañas se forman muy lentamente. Se cree que las Montañas Rocosas empezaron a formarse hace 65 millones de años. Les llevó 10 millones de años llegar a su altura máxima. Los geólogos consideran que las Montañas Rocosas son montañas "jóvenes." En este caso, los términos "viejo" y "joven" son relativos en comparación con la edad de la Tierra.

Las montañas pueden formarse de varias maneras. Algunas se forman cuando la superficie de la Tierra se pliega y se rompe. Otras se forman cuando magma caliente (roca líquida) surge del interior de la Tierra. (Aprenderás más sobre el interior de la Tierra en el capítulo 5.)

Los arroyos y los ríos se mueven muy rápidamente en las zonas montañosas. Cuanto más altas y escarpadas son las laderas de las montañas, más rápido corre el agua. Los arroyos y ríos de las montañas transportan rocas de todos los tamaños. Cuando hay lluvias intensas o cuando se derrite la nieve, esos arroyos y ríos crecen tanto que hasta pueden arrastrar pequeños peñascos.

Figura 4–7 *Estas son algunas de las montañas de la Tierra.*
¿En qué estado está la montaña mas alta de America del Norte?

ALGUNAS DE LAS MONTAÑAS MÁS FAMOSAS DEL MUNDO

Nombre	Altura sobre del nivel del mar (metros)	Ubicación	Datos interesantes
Aconcagua	6959	Andes en la Argentina Occidental	Montaña más alta del Hemisferio
Cotopaxi	5897	Andes en el Ecuador	Volcán activo más alto del mundo
Elbert	4399	Colorado	Montaña más alta de las Rocosas
Everest	8848	Himalayas, frontera de Nepal y el Tibet	Montaña más alta del mundo
K2	8611	Cachemira	Segunda montaña más alta del mundo
Kanchenjunga	8598	Himalayas, frontera de Nepal y la India	Tercera montaña más alta del mundo
Kilimanjaro	5895	Tanzanía	Montaña más alta de África
Logan	5950	Yukón	Montaña más alta del Canadá
Mauna Kea	4205	Isla volcánica en Hawai	Montaña en una isla más alta del mundo
Mauna Loa	4169	Isla volcánica en Hawai	Montaña volcánica famosa
McKinley	6194	Alaska	Montaña más alta de América del Norte
Mitchell	2037	Carolina del Norte	Montaña más alta de los Apalaches
Mont Blanc	4807	Francia	Montaña más alta de los Alpes
Mount St. Helens	2549	Cascades en Washington Estados Unidos	Volcán recientemente activo en los
Pikes Peak	4301	Colorado	Pico más famoso de las Montañas Rocosas
Rainier	4392	Cascades en Washington	Montaña más alta de Washington
Vesubio	1277	Italia	Único volcán activo en Europa continental
Whitney	4418	Sierra Nevada en California	Montaña más alta de California

Figura 4–8 *Las Montañas Rocosas se consideran montañas "jóvenes" porque se formaron hace sólo 65 millones de años (izquierda). Los Apalaches son montañas "viejas" porque se formaron hace más de 300 millones de años (arriba a la derecha). El Kilimanjaro en Africa es un ejemplo de montaña formada por la actividad volcánica (abajo a la derecha).*

Figura 4–9 *Este arroyo cargado de agua proveniente de nieves de la montaña corre rápidamente.*

Los arroyos y ríos forman a veces valles en las montañas. Los valles de las montañas más viejas son generalmente anchos y los de las montañas más jóvenes, estrechos. ¿Por qué crees que es así?

En todas partes del mundo, hay montañas aisladas, que no forman parte de un grupo, si no que son generalmente productos de la actividad volcánica. Ejemplos de montañas volcánicas son el Fujiyama en el Japón, el Vesubio en Italia y el Kilimanjaro en Tanzanía.

Sin embargo, la mayoría de las montañas forman parte de un grupo de montañas llamado **cordillera.** Una cordillera es una serie aproximadamente paralela de montañas con la misma forma y estructura general. Un grupo de cordilleras se llama un **sistema montañoso.** Las cordilleras de Great Smoky, Blue Ridge, Cumberland y Green están todas en el sistema montañoso de los Apalaches, al este de los Estados Unidos.

La mayoría de las cordilleras y los sistemas montañosos forman parte de un grupo aún mayor de montañas llamado **cinturón montañoso.** En la figura 4–10 se muestran los cinturones montañosos de la Tierra.

Hay dos cinturones montañosos principales en el mundo. El cinturón del Pacífico bordea el Océano Pacífico y el cinturón de Eurasia y Melanesia atraviesa

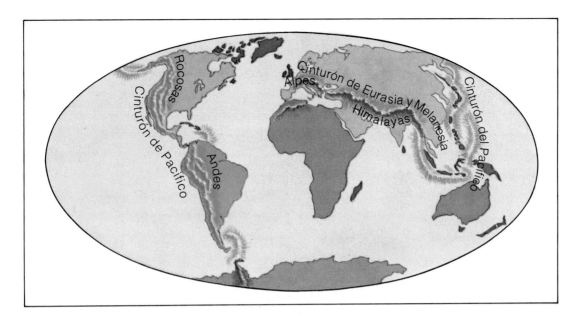

el norte de Africa, el sur de Europa y Asia. El cinturón de Eurasia y Melanesia y el cinturón del Pacífico se juntan en Indonesia, al norte de Australia. Es posible que estos cinturones montañosos hayan sido formados por movimientos de la corteza de la Tierra.

Figura 4–10 *La mayoría de las montañas de la Tierra están situadas en los dos grandes cinturones montañosos que se ven en este mapa: el cinturón del Pacífico y el de Eurasia y Melanesia. ¿Cuál de los cinturones pasa por los Estados Unidos?*

Llanuras

Otro tipo de región de paisaje es la de **llanuras.** Las llanuras son regiones planas que no se elevan mucho sobre el nivel del mar. Tienen en consecuencia pequeñas diferencias de elevación y un relieve bajo. La diferencia entre las elevaciones máxima y mínima de una llanura puede ser menos de 100 metros. Las llanuras tienen ríos y arroyos anchos. La mayoría de las plantas que crecen en las llanuras son pastos, similares a los de un césped o una cancha de béisbol. Algunas llanuras están en los bordes de los continentes y otras en el interior.

LLANURAS COSTERAS Una costa es un lugar donde la tierra se encuentra con el océano. Las zonas bajas y planas a lo largo de las costas se llaman **llanuras costeras.** Las llanuras costeras del Atlántico y del Golfo son típicas de los Estados Unidos. El cambio de elevación desde el golfo de México hasta la parte sur de Illinois es muy pequeño. En una distancia de más de 1000 kilómetros, el terreno sólo sube 150 metros sobre el nivel del mar.

Las llanuras costeras de los Estados Unidos se formaron al depositarse tierra y sedimentos en el borde del continente. En el pasado, estas zonas estaban

ACTIVIDAD

PARA LEER

Al techo del mundo

El monte Everest es la montaña más alta de la Tierra. Sir Edmund Hillary fue la primera persona que llegó a su cumbre. El describió sus hazañas en un libro titulado *High Adventure.* Tal vez te guste leer *High Adventure* (o cualquiera de los otros libros que escribió sobre sus múltiples hazañas).

Figura 4–11 *Esta zona de Jacksonville Beach, en Florida, está en la llanura costera del Atlántico. ¿Qué características de las regiones de llanuras son visibles en esta fotografía?*

Pozo de actividades

Preparación de tierra, p. 171

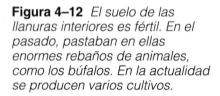

Figura 4–12 *El suelo de las llanuras interiores es fértil. En el pasado, pastaban en ellas enormes rebaños de animales, como los búfalos. En la actualidad se producen varios cultivos.*

cubiertas por océanos poco profundos. Cuando esos océanos desaparecieron, quedaron grandes depósitos de arena y de sedimentos. Los ríos y los arroyos han depositado más *sedimentos*, que han enriquecido el suelo de esas llanuras.

A causa de la abundancia de suelos fértiles, la agricultura es muy importante en las llanuras costeras. En esas zonas. de los Estados Unidos se cultiva algodón, tabaco, vegetales y frutas cítricas.

LLANURAS INTERIORES   También hay algunas zonas bajas y planas en el interior de los continentes. Estas zonas, llamadas **llanuras interiores**, están algo más altas sobre el nivel del mar que las llanuras costeras. Por ejemplo, las llanuras interiores de los Estados Unidos tienen una elevación de alrededor de 450 metros sobre el nivel del mar, considerablemente más que las llanuras costeras del Atlántico y del Golfo. Pero dentro de las llanuras interiores, las diferencias de elevación son pequeñas, y su relieve es así bajo.

Las Grandes Llanuras de los Estados Unidos son llanuras interiores muy grandes. Se formaron como montañas y colinas que fueron más tarde desgastadas por el viento, los arroyos y los glaciares. Hay grandes llanuras interiores en la Unión Soviética, Europa central y oriental, y partes de África y de Australia.

Las llanuras interiores tienen muy buen suelo. Los sedimentos depositados por los ríos y arroyos son beneficiosos para la agricultura. En los Estados Unidos, pastos y cereales como el trigo, la cebada y la avena se cultivan en las llanuras interiores. También se crían en estas zonas ganado vacuno y ovejas.

Mesetas

Un tercer tipo de región de paisajes son las **mesetas.** Las mesetas son superficies amplias y llanas situadas a más de 600 metros sobre el nivel del mar. Algunas tienen más de 1500 metros de altura, pero no se consideran montañas porque son planas. Al igual que las llanuras, tienen poco relieve, pero a diferencia de las llanuras, están mucho más alto sobre el nivel del mar.

La mayoría de las mesetas están en el interior de los continentes, pero hay algunas cerca de los océanos. Las mesetas cerca de los océanos suelen terminar en un acantilado al borde de una llanura costera. Si una meseta está directamente sobre el mar, termina en un acantilado sobre la costa.

Las mesetas suelen tener el mismo paisaje por miles de kilómetros. Algunas tienen cortes profundos causados por arroyos y ríos que forman cañones. El río Colorado atraviesa la meseta del Colorado y forma el Gran Cañón en Arizona. El río corre 1.5 kilómetros por debajo de la superficie de la meseta. ¿Has visitado, o visto fotografías, del Gran Cañón?

La mayoría de las mesetas del mundo son zonas secas, casi desérticas. Suelen usarse para la cría de ganado vacuno, ovejas y cabras. Las mesetas de los Estados Unidos son ricas en carbón y minerales como el cobre y el plomo.

ACTIVIDAD
PARA ESCRIBIR

Vacaciones de ensueño

Imagina que haces un viaje por los Estados Unidos. Verás muchos paisajes diferentes. Escribe un ensayo de 200 palabras sobre lo que ves en tu viaje. Incluye en el texto las siguientes palabras del vocabulario: llanura costera, llanura interior, montaña, cordillera, meseta, elevación. No olvides mencionar lugares concretos, como la llanura costera del Golfo o la meseta de Colorado.

Figura 4–13 *Las mesetas son superficies amplias y planas con poco relieve. Algunas están cortadas por arroyos y ríos que forman cañones. El Gran Cañón, cortado por la acción inexorable del río Colorado, es el más impresionante de la Tierra.*

Alimentos congelados—Una idea de las tierras frígidas

Cerca del polo norte, en climas casi tan extremos como los de la Antártida, han vivido poblaciones nativas durante miles de años. Sobreviven principalmente mediante la pesca y la caza. Hace mucho tiempo descubrieron que el frío intenso en que viven puede tener una gran utilidad: puede conservar alimentos.

Clarence Birdseye era un empresario e inventor que, al morir, tenía más de 300 patentes de inventos. Al comenzar su carrera, Birdseye era comerciante en pieles. En 1912 y 1916 visitó el Labrador, una parte del Canadá, y observó que la gente congelaba alimentos para usarlos en el invierno, cuando era muy difícil obtenerlos.

Birdseye pasó años ensayando la forma de congelar comercialmente los alimentos. En 1929 tuvo éxito y empezó a vender sus alimentos congelados. Se hizo muy rico y famoso. En la actualidad. su nombre es prácticamente sinónimo de alimentos congelados.

La idea parece sencilla. Las temperaturas muy frías pueden impedir casi indefinidamente que los alimentos se estropeen. (Algunos científicos rusos dicen que han comido la carne de un mamut congelado hace 20,000 años ¡y estaba comestible!) Pero recuerda que la idea original provino de pueblos nativos, cuyo principal motivo era el sobrevivir en un medio frío y hostil.

4–2 Repaso de la sección

1. ¿Qué es un paisaje? ¿Cuáles son los tres principales tipos de paisaje de los Estados Unidos?
2. ¿Qué quieren decir los científicos cuando se refieren a la topografía de la Tierra?
3. Describe lo siguiente: montaña, cordillera, sistema montañoso, cinturón montañoso.
4. ¿Qué es una llanura costera? ¿Una llanura interior?

Conexión—*Ecología*

5. ¿Por qué las llanuras y las mesetas son zonas apropiadas para los cultivos, en tanto que las laderas de las montañas generalmente no lo son?

4–3 Mapas de la superficie terrestre

Guía para la lectura

Piensa en esta pregunta mientras lees.

▶ *¿Cuáles son algunas características de la Tierra que se muestran en los mapas y los globos terráqueos?*

Un **mapa** es un dibujo de la Tierra, o de parte de la Tierra, en una superficie plana. Hay muchas formas de mostrar las características de la superficie terrestre en los mapas. Algunos mapas sólo muestran una pequeña zona de la Tierra. Otros muestran toda su superficie. Los mapas suelen agruparse en libros llamados atlas. ¿Has visto alguna vez un atlas y visitado en tu imaginación lugares distantes y extraños?

La representación más exacta de toda la superficie de la Tierra es un **globo terráqueo**. Un globo terráqueo es un modelo esférico, o redondo, de la Tierra en que se muestran las formas, los tamaños y las ubicaciones de todas las masas de tierra y de agua.

Tanto los mapas como los globos terráqueos se trazan a **escala**. Una escala compara las distancias en un mapa o un globo terráqueo con las distancias reales en la superficie. Por ejemplo, 1 centímetro de un mapa puede equivaler a 10 kilómetros. Los mapas pueden tener diferentes escalas. Sin embargo, todos tienen que indicar la escala utilizada para representar las distancias en ese mapa o globo terráqueo particular. ¿Por qué es importante incluir una escala?

Meridianos

Si miras un globo terráqueo o un mapa, verás muchas líneas rectas. Algunas unen los puntos que representan los polos geográficos norte y sur de la Tierra. Esas líneas se llaman **meridianos.**

Cada meridiano es la mitad de un círculo imaginario alrededor de la Tierra. Los geógrafos han llamado al meridiano que atraviesa Greenwich, en Inglaterra, el **primer meridiano**. En razón de que van de norte a sur, los meridianos miden la distancia de este a oeste.

Figura 4–14 *Los satélites proporcionan información que se usa para trazar mapas. En el centro de la fotografía de Washington, D.C., puedes ver el paseo (mall) que va desde el Capitolio hasta el Monumento a Washington. Las imágenes de satélite pueden también indicar la presencia de organismos vivos. Las zonas amarillas de la fotografía indican grandes cantidades de vida microscópica en los océanos a lo largo de la costa de los continentes.*

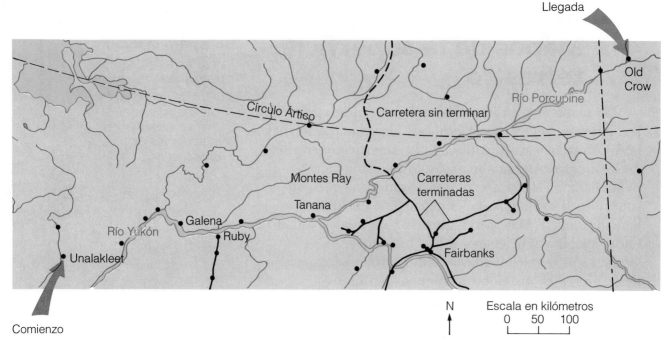

Llegada

Círculo Ártico
Carretera sin terminar
Río Porcupine
Old Crow
Montes Ray
Carreteras terminadas
Tanana
Galena
Río Yukón
Ruby
Fairbanks
Unalakleet

Comienzo

N

Escala en kilómetros
0   50   100

Figura 4–15 *La escala de este mapa es útil para hallar la distancia entre dos ciudades. Si vuelas en avión desde Unalakleet hasta Old Crow, ¿cuántos kilómetros volarías?*

La medida de la distancia hacia el este o el oeste desde el primer meridiano se llama **longitud.** Los meridianos se usan para medir la longitud.

La distancia alrededor de cualquier círculo, incluida la Tierra, se mide en grados. El símbolo de grado es un circulito arriba y a la derecha de un número. Todos los círculos tienen 360°. Cada meridiano marca 1° de longitud alrededor de la Tierra. Pero en la mayoría de los globos terráqueos o los mapas no se indican todos los meridianos. (Piensa lo lleno que estaría un mapa si se indicaran los 360 meridianos.)

El primer meridiano se denomina longitud 0°. Los meridianos hacia el este del primer meridiano se llaman longitudes este; los meridianos al oeste se llaman longitudes oeste. Los meridianos de longitud este miden las distancias hasta el punto de la Tierra opuesto al primer meridiano; los de longitud oeste, las distancias hasta el punto opuesto en dirección contraria. Dado que la mitad de la distancia alrededor de un círculo es 180°, los meridianos de longitud este y oeste van de 0° a 180°.

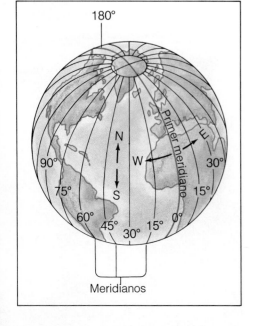

Figura 4–16 *Los meridianos son líneas trazadas de norte a sur en un mapa o globo terráqueo. ¿Qué miden los meridianos?*

Husos horarios

En la Tierra, el día tiene 24 horas. En esas 24 horas, la Tierra hace una rotación completa, o rota 360°. Si divides 360° por el número de horas en un día (24), encontrarás que la Tierra rota 15° por hora. Por esa razón, se la ha dividido en 24 zonas de 15° de longitud llamada **husos horarios**. Un huso horario es un cinturón longitudinal en que todos los puntos tienen la misma hora local.

Cuando son las seis de la mañana en Miami, Florida, también son las seis en Washington, D.C., porque Miami y Washington están en el mismo huso horario. Pero no son las seis en Dallas, Texas. Dallas tiene una hora de diferencia con Miami y Washington. ¿Cómo puedes saber si es más temprano o más tarde en Texas?

Figura 4–17 *La Tierra se ha dividido en 24 zonas horarias. Todos los sitios dentro del mismo huso horario tienen la misma hora local.*

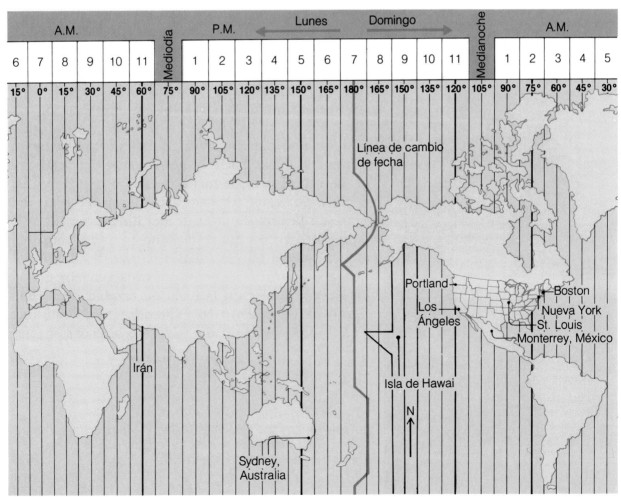

ACTIVIDAD

PARA HACER

Mapa de tu vecindario

1. Traza un mapa detallado de tu vecindario. Asegúrate de hacerlo a escala.

2. Usa diferentes colores para los edificios, las zonas industriales, los cultivos y las masas de agua.

3. Prepara una referencia que incluya los símbolos del mapa y su significado.

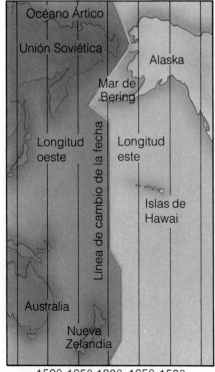

La Tierra rota en su eje de oeste a este. Parece así que el sol sale en el este y avanza hacia el oeste. Imagina que el sol sale en Nueva York a las seis de la mañana. Después de que la Tierra rota 15°, sale el sol en Dallas. Son las seis en Dallas, pero son las siete en Nueva York. Dallas está una zona horaria al oeste de Nueva York.

Después de que la Tierra rota otros 15°, el sol sale en Denver. Son las seis en Denver, pero son las siete en Dallas y las ocho en Nueva York. Denver está un huso horario al oeste de Dallas y dos zonas horarias al oeste de Nueva York.

Si no fuera por los husos horarios, el sol saldría en Nueva York a las seis, en Dallas a las siete, en Denver a las ocho y en Los Ángeles a las nueve. ¡Recién saldría en Hawai a las once de la mañana! Gracias a las zonas horarias, el sol sale a las seis de la mañana en cada ciudad. ¿Es ésta una ventaja? ¿Por qué?

Hay cuatro zonas horarias en los Estados Unidos: la del este, la del centro, la de las montañas y la del Pacífico. Alaska y Hawai están al oeste de la zona horaria del Pacífico. Busca en un globo terráqueo esos dos Estados. ¿Qué hora es en Alaska y en Hawai si son las nueve de la mañana en Los Ángeles?

Cuando pasas de una zona horaria a otra, hay una hora de diferencia. Si viajas hacia el este, añadirás una hora por cada zona que cruces. Si viajas hacia el oeste, restarás una hora.

Supón que haces un viaje de 24 horas alrededor del mundo. Viajas hacia el oeste, saliendo de Miami, Florida, a la una de la tarde del domingo. Restarás una hora por cada zona horaria que cruces. Un día después, a la una de la tarde del lunes, vuelves a Miami. Pero como has restado en total 24 horas en tu viaje, creerás que es todavía la una del domingo.

Para simplificar esta confusa situación, los geógrafos han establecido **la línea de cambio de fecha** a lo largo del meridiano 180. Cuando cruzas esta línea hacia el este, restas un día. Cuando la cruzas hacia

Figura 4–18 *Los que atraviesan la línea de cambio de fecha hacia el oeste ganan un día. Los que la cruzan hacia el este pierden un día. ¿Porqué tiene forma de zigzag la línea de fecha?*

el oeste, añades un día. En tu viaje alrededor del mundo, debías haber añadido un día, o pasado de domingo a lunes, al cruzar la línea de cambio de fecha viajando hacia el oeste. Habrías llegado entonces a Miami a la una de la tarde del lunes.

Paralelos

Hay también líneas trazadas de este a oeste en los mapas y los globos. Estas líneas se llaman **paralelos** y cruzan los meridianos en ángulo recto . El paralelo situado en el punto medio entre los polos norte y sur es el **ecuador.** Dado que van de este a oeste, los paralelos miden la distancia de norte a sur. Por lo tanto, en relación al ecuador, las ubicaciones de otros paralelos se consideran norte o sur. La medida de la distancia al norte o al sur del ecuador se llama **latitud.** Los paralelos se usan para medir la latitud.

El ecuador se considera la latitud 0°. Los paralelos al norte del ecuador son latitudes norte y los paralelos al sur, latitudes sur. La distancia del ecuador al polo norte o al polo sur es un cuarto de la distancia alrededor de la Tierra.

Figura 4–19 *Los paralelos son líneas trazadas de este a oeste en un mapa o un globo terráqueo. Los paralelos y los meridianos forman una cuadrícula que se usa para determinar las ubicaciones exactas. ¿En qué continente está el punto situado a 40° norte de latitud y 90° oeste de longitud?*

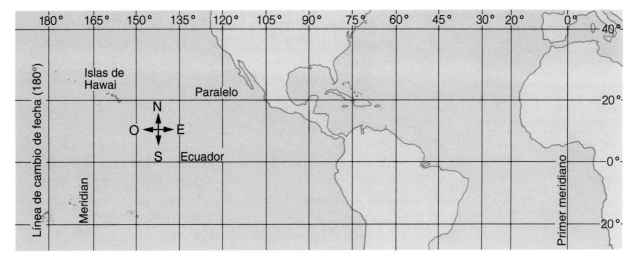

Dado que un cuarto de la distancia alrededor de un círculo es 90°, los paralelos norte y sur van de 0° a 90°. El polo norte está a 90° de latitud norte, o 90° N. El polo sur está a 90° de latitud sur, o 90° S. Igual que hay un meridiano por cada grado de longitud, hay un paralelo por cada grado de latitud. Pero en la mayoría de los globos y los mapas no se indican todos los paralelos.

Los meridianos y los paralelos forman una retícula, o conjunto de líneas entrecruzadas, sobre un globo terráqueo o un mapa. Pueden usarse para determinar las ubicaciones exactas al este y al oeste del primer meridiano y al norte y al sur del ecuador. Por ejemplo, si un buque comunica su posición como 30° de latitud sur y 165° de longitud este, está cerca de la costa de Australia. ¿Por qué es útil este sistema de ubicar puntos en la navegación?

Tipos de mapas

Los mapas de la Tierra son muy útiles. **Los mapas muestran las ubicaciones y las distancias en la superficie de la Tierra. Muestran también muchas características locales. Algunos mapas muestran los tipos de suelo de una zona. Algunos muestran las corrientes del océano. Algunos muestran zonas pequeñas y detalladas. Los mapas de las ciudades pueden mostrar todas sus calles.**

Sin embargo, los mapas tienen un grave inconveniente. Al ser planos, no pueden representar con exactitud una superficie curva. Igual que una fotografía de una persona, un mapa es sólo una **proyección** o una representación de un objeto tridimensional en una superficie plana. Cuando se representa la superficie curva de la Tierra en la superficie plana de un mapa, se producen cambios, llamados distorsiones, en las formas y los tamaños de las masas continentales y océanos. A pesar de eso, los mapas siguen siendo útiles.

PROYECCIONES DE MERCATOR Hay varias formas de proyectar la imagen de la Tierra en un mapa. Un tipo de proyección es la **proyección de Mercator**. Las proyecciones de Mercator se usan para la navegación. Muestran la forma correcta de las costas, pero distorsionan los tamaños de las superficies terrestres y de agua en latitudes distantes del ecuador. Por ejemplo, en la proyección de Mercator que se ve en la figura 4–20, Groenlandia parece mucho mayor de lo que realmente es.

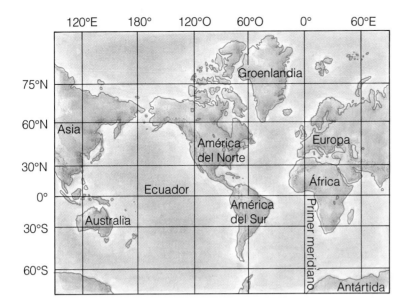

Figura 4–20 *Este tipo de mapa se llama proyección de Mercator. ¿Qué elemento está distorsionado?*

PROYECCIONES EQUIVALENTES Otro tipo de proyección se llama **proyección equivalente**. Las proyecciones equivalentes muestran correctamente la superficie. Los meridianos y los paralelos se colocan en el mapa de tal manera que cada parte de la Tierra tiene el mismo tamaño en el mapa que en un globo terráqueo. Pero las formas resultan distorsionadas. ¿Qué zonas en la figura 4–21 te parecen distorsionadas?

Figura 4–21 *En este mapa se muestran correctamente las superficies de las masas continentales de la Tierra, pero no así las formas. ¿Qué tipo de mapa es éste?*

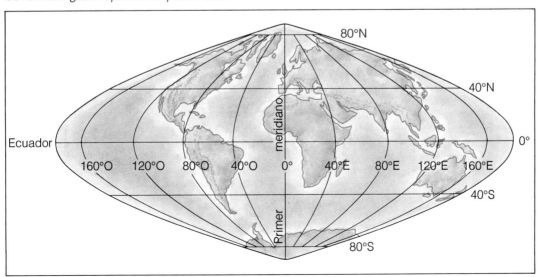

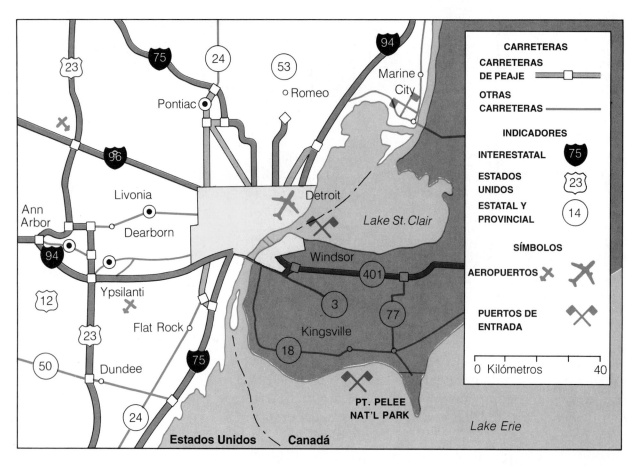

Figura 4–22 *Uno de los tipos más corrientes de mapas son los de carreteras. ¿Qué clase de información contiene la referencia de este mapa?*

4–3 Repaso de la sección

1. ¿Para qué son útiles los mapas?
2. ¿En qué circunstancias sería más útil un globo terráqueo que un mapa?
3. ¿Qué es una escala? ¿Por qué es importante?
4. ¿Qué es la longitud? ¿Qué es la latitud?
5. ¿Qué es la línea de cambio de fecha? ¿Cómo se usa este meridiano?
6. ¿Qué es un huso horario? Explica por qué se ha dividido la Tierra en 24 husos horarios.
7. ¿Qué es una proyección? ¿Cuáles son las dos clases?

Pensamiento crítico—*Aplicar conceptos*

8. ¿Por qué es importante ponerse de acuerdo sobre la ubicación del primer meridiano?

Gente famosa—Lugares famosos

La gente famosa a menudo da fama a ciertos lugares. Utiliza las claves siguientes para ubicar los lugares de la Tierra que se indican. Necesitarás un atlas del mundo para descubrir las ubicaciones.

Interpretar mapas

1. El artista francés Gauguin huyó de París a este paraíso tropical, cuya ubicación es 17°S, 149°O.

2. Marie Curie descubrió el radio cuando trabajaba en un país cuya capital está situada a 48.5°N, 2°E.

3. Napoleón pasó los últimos años de su vida en 16°S, 5°O.

4. Ponce de León encontró la fuente de la juventud en 29.5°N, 81°O. Lamentablemente, las aguas no resultaron muy eficaces, ya que murió en 1521.

5. Cecil B. DeMille dirigió muchas películas épicas que supuestamente transcurrían en lugares distantes, pero que se filmaron en su mayoría en 34°N, 118°O.

6. Se supone que Betsy Ross cosió la primera bandera norteamericana en esta ciudad, situada a 40°N, 75°O.

■ Aumenta esta lista identificando y ubicando otros lugares importantes. Aquí van algunos ejemplos: el lugar en que vives; el lugar donde naciste; el lugar en que juega tu equipo deportivo favorito; el lugar en que te gustaría pasar unas vacaciones.

Guía para la lectura

*Piensa en esta pregunta
mientras lees.*

▶ *¿Cómo se representan en
los mapas topográficos las
características de la
superficie de la Tierra?*

4–4 Mapas topográficos

Ya has aprendido que la Tierra tiene una topografía
variada. Quizás hayas observado algunas de esas
características si has volado en avión a través de los
Estados Unidos. Desde muy alto sobre la tierra, se pueden ver fácilmente las montañas, las llanuras, los valles,
los ríos, los lagos y otros rasgos. Al nivel de la tierra es
más difícil observarlos. Sin embargo, se han trazado
mapas que muestran incluso detalles muy pequeños de
la topografía. Un mapa que muestra las diferentes
formas y tamaños de una superficie terrestre se llama
un **mapa topográfico**. Este tipo de mapa puede
indicar también ciudades, carreteras, parques y
ferrocarriles.

**Los mapas topográficos muestran el relieve del
suelo. La mayoría de los mapas topográficos usan
curvas de nivel para indicar relieve.** Una **curva de
nivel** es una línea que pasa a través de todos los
puntos de un mapa que tienen la misma elevación.
Algunos mapas topográficos muestran el relieve
utilizando distintos colores para distintas elevaciones.

La diferencia en elevación entre curvas de nivel
se llama intervalo. Por ejemplo, en un mapa con un
intervalo de nivel de 5 metros, se trazan curvas de
nivel a elevaciones de 0 metros, 5 metros, 10 metros,
15 metros, etc. Mira las curvas de nivel de la figura
4–23. ¿Qué intervalo de nivel se utiliza en ella?
¿Cuál es la elevación máxima de la colina?

Al igual que en otros mapas, en los mapas topográficos se utilizan símbolos para indicar puntos de
interés. Los símbolos correspondientes a los edificios y
las carreteras son generalmente negros. Los correspondientes a masas de agua, como los ríos, lagos y arroyos,
son azules. El verde representa los bosques y las
marismas. Las curvas de nivel suelen ser castañas o rojas.
Todos los símbolos de un mapa se colocan en una
referencia. La referencia explica qué representa cada
símbolo. En la referencia de la figura 4–24 puedes ver
algunos símbolos corrientes en los mapas y sus significados. (El apéndice D en la página 169 de este libro
contiene una lista más completa de símbolos de mapas.)

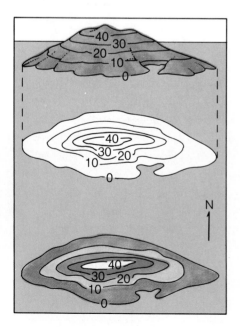

Figura 4–23 *Algunos mapas topográficos usan colores para
indicar diferentes elevaciones. Otros usan curvas de nivel para
mostrar las elevaciones.*

SÍMBOLOS DE MAPAS TOPOGRÁFICOS					
Símbolo	**Significado**	**Símbolo**	**Significado**	**Símbolo**	**Significado**
■	Casa	⊐⊏	Puente	⬭	Estanque o lago
▮	Escuela	++++++++	Ferrocarril	⌒	Curva de nivel
〜	Carretera	〜	Arroyo	⬯	Depresión
- - - - -	Carretera sin pavimentar	- - - - -	Arroyo estacional	⊥⊥⊥⊥ ⊥⊥⊥	Pantano

Figura 4–24 *Los símbolos de esta referencia son comunes en los mapas topográficos. ¿Cuál es el símbolo de una escuela? ¿De un ferrocarril?*

La primera vez que mires un mapa topográfico, es posible que te sientas algo confundido. Todas esas líneas y símbolos pueden ser abrumadores. Pero una vez que te familiarices con estos mapas y adquieras experiencia en su interpretación, se te aclarará gran parte de la confusión. La información contenida en un mapa topográfico es muy útil, especialmente para las personas a quienes les gusta acampar. Las siguientes reglas sencillas te ayudarán a leer este tipo de mapa:

■ Una curva de nivel nunca cruza, o intersecta, otra curva de nivel. Cada curva de nivel representa sólo una elevación. Las curvas de nivel nunca pueden cruzarse porque un punto no puede tener dos elevaciones diferentes.

■ Las curvas de nivel muy juntas representan un declive escarpado. Las líneas están juntas porque la elevación de un declive escarpado cambia mucho en una distancia muy corta. Las curvas de nivel que están muy separadas representan un declive suave. Las líneas están muy separadas porque la elevación de un declive suave cambia sólo ligeramente en una distancia corta.

■ Las curvas de nivel que cruzan un valle tienen forma de V. Si un arroyo fluye a través del valle, la V indicará la dirección corriente arriba, o la dirección opuesta a la de la corriente del arroyo.

ACTIVIDAD

PARA ESCRIBIR

Historia de los mapas

Utilizando materiales de referencia de la biblioteca, escribe un breve ensayo sobre la historia de los mapas desde el tiempo de los babilonios hasta el presente. Incluye información sobre lo siguiente:
Gerardo Mercator
Cristóbal Colón
Claudio Ptolomeo
Américo Vespucio
Mapas desde satélites
Incluye dibujos e ilustraciones con tu ensayo.

- Las curvas de nivel forman anillos alrededor de las colinas o las depresiones. Los números de elevación de las curvas de nivel indican si se trata de una colina o una depresión. Si los números aumentan hacia el centro, se trata de una colina. si disminuyen, de una depresión. A veces no se indican los números de elevación, se dibujan en cambio trazos cortos llamados líneas de declive para indicar una depresión. Estas líneas se trazan perpendiculares a la curva de nivel que rodea una depresión apuntando hacia adentro.

Observa ahora la figura 4–25. Es probable que puedas entender toda la información del mapa. ¿Cuál es la ubicación de la depresión? ¿Qué montaña tiene el declive más pronunciado? ¿En qué dirección fluye el río Campbell? Mira ahora la figura 4–26, la figura 4–27 en la página 134 y la figura 4–28 en la página 135. Usa las referencias de la figura 4–24 y las reglas que acabas de aprender para identificar otras características topográficas.

Figura 4–25 *Una vez que has aprendido el significado de los símbolos, los mapas topográficos como éste resultan fáciles de leer. ¿Qué representa el símbolo verde en la parte inferior del mapa?*

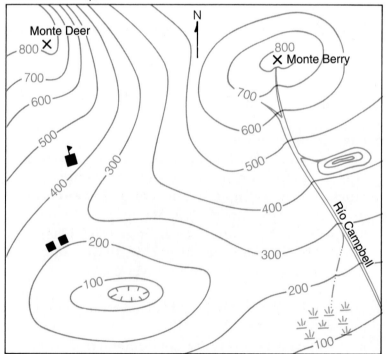

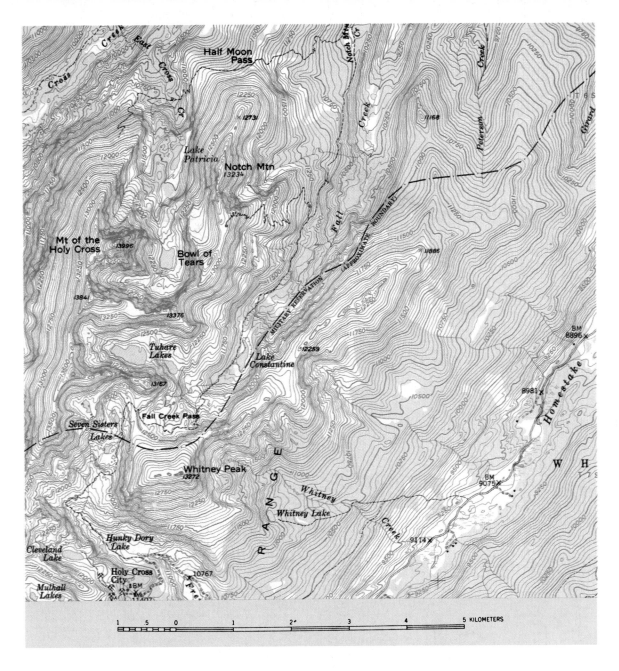

Figura 4–26 Éste es un mapa topográfico del Holy Cross Quadrangle, en Colorado. ¿De qué tipo de región de paisaje te parece que forma parte esta zona? ¿Cómo se indican los cambios de elevación? ¿Cuál es el punto más alto?

4–4 Repaso de la sección

1. ¿Cómo se representan en los mapas topográficos las características de la superficie terrestre?
2. ¿Qué es una curva de nivel?, ¿un intervalo de nivel?
3. ¿Por qué es importante la referencia en un mapa?

Pensamiento crítico—*Relacionar conceptos*

4. ¿Por qué sería difícil mostrar un acantilado vertical en un mapa topográfico?

Figura 4–27 *Este mapa topográfico muestra parte de un condado de Nueva York. ¿Qué rasgos del paisaje puedes identificar?*

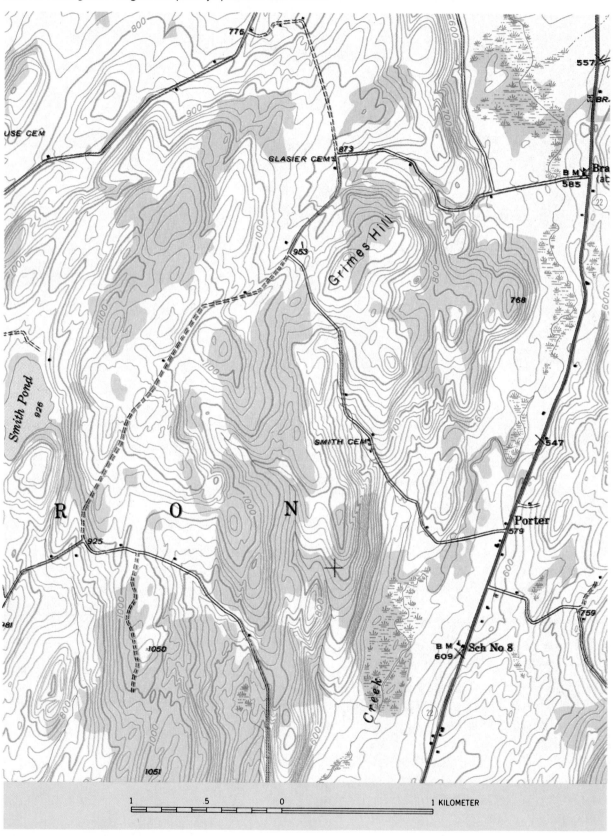

Figura 4–28 *Este mapa topográfico muestra parte de la costa de California. ¿De qué tipo de región de paisajes forma parte esta zona?*

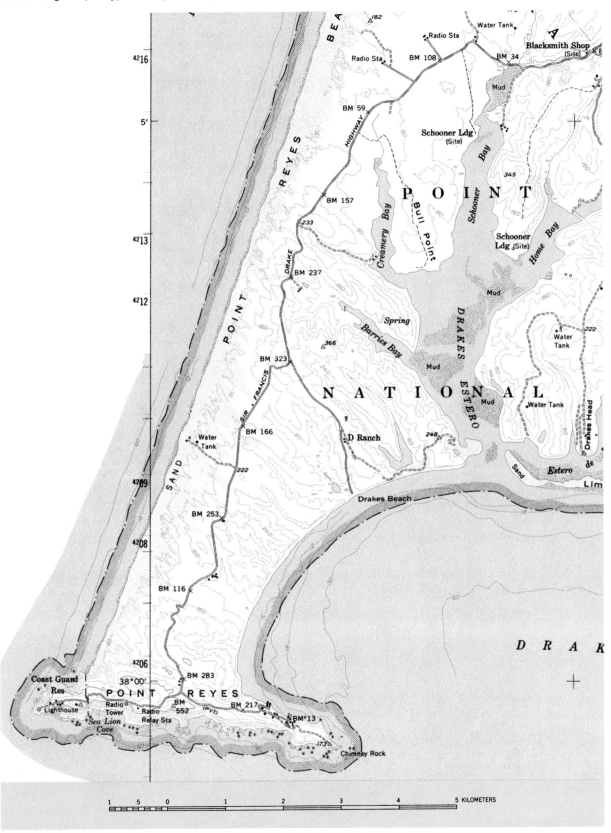

Investigación de laboratorio

Trazado de un mapa topográfico

Problema

¿Qué información puede proporcionar un mapa topográfico sobre las características de la superficie terrestre?

Materiales *(por grupo)*

arcilla para modelar	marcador para
regla métrica	vidrio
regla centimetrada	1 litro de agua
cartón rígido	lápiz
lámina de vidrio transparente	hoja de papel blanco
tanque de acuario o fuente cuadrada profunda	

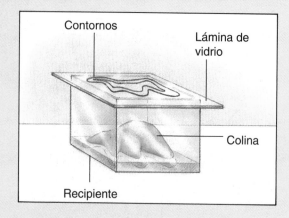

Contornos — Lámina de vidrio — Colina — Recipiente

Procedimiento 🧪

1. Corta el cartón para que quepa exactamente en el fondo del tanque o la fuente.

2. Sobre el cartón, modela la arcilla en forma de colina. Incluye en el modelo algunos barrancos, un declive pronunciado y un declive suave.

3. Cuando esté seco y se haya endurecido, coloca el modelo sobre el cartón en el recipiente. Vierte agua hasta una altura de 1 cm. Esto representará el nivel del mar.

4. Coloca la lámina de vidrio sobre el recipiente. Mirando directamente desde arriba, utiliza el marcador de vidrio para trazar el contorno del recipiente sobre el vidrio. Traza también sobre el vidrio el contorno del agua alrededor de los bordes del modelo. Levanta cuidadosamente la lámina de vidrio del recipiente.

5. Añade otro centímetro de agua al recipiente. La profundidad del agua debería ser ahora de 2 cm. Coloca el vidrio exactamente en la misma posición que antes. Traza el nuevo contorno del agua sobre la lámina de vidrio.

6. Repite el paso 5, añadiendo 1 cm de agua por vez hasta que veas que si añades más agua el modelo quedaría completamente cubierto.

7. Levanta la lámina de vidrio. Con un lápiz, traza las curvas (los contornos) del vidrio en una hoja de papel. Éste será tu mapa topográfico.

8. Imagina que cada centímetro de agua que añadiste al primer centímetro (nivel del mar) equivale a 100 metros de elevación en el mapa. Indica la elevación de cada curva de nivel en tu mapa topográfico.

Observaciones

1. ¿Cuál es la elevación aproximada de la cima de la colina?

2. ¿Cómo puedes determinar si la colina tiene un declive pronunciado mirando las curvas de nivel?

3. ¿Cómo puedes determinar si la colina tiene un declive suave mirando las curvas de nivel?

4. ¿Qué aspecto tienen las curvas de nivel cuando muestran los barrancos del modelo?

Análisis y conclusiones

¿Qué información puede proporcionar un mapa topográfico sobre la superficie de la Tierra?

Resumen de conceptos claves

4–1 Los continentes

▲ Hay siete continentes en la Tierra: África, América del Norte, América del Sur, Antártida, Asia, Australia y Europa.

4–2 Topografía

▲ La forma de la superficie de la Tierra se llama su topografía.

▲ Las diferentes características físicas de una zona constituyen su paisaje.

▲ Los tres principales tipos de regiones de paisaje son las montañas, las llanuras y las mesetas.

▲ Una de las características de una región de paisaje es la elevación. La diferencia en las elevaciones de una región se llama su relieve.

▲ Las montañas tienen elevaciones altas y son zonas de alto relieve.

▲ Las montañas forman generalmente parte de grupos más grandes llamados cordilleras, sistemas montañosos y cinturones montañosos.

▲ Las llanuras son zonas de suelos planos que no están muy por encima del nivel del mar. Son zonas de bajo relieve.

▲ Las zonas bajas y planas a lo largo de las costas se llaman llanuras costeras. Las zonas bajas y planas en el interior de los continentes se llaman llanuras interiores.

▲ Las mesetas son superficies grandes y planas situadas a más de 600 metros sobre el nivel del mar.

4–3 Mapas de la superficie terrestre

▲ Un mapa es un dibujo de la Tierra, o de parte de la Tierra, en una superficie plana. La representación más precisa de la Tierra es un globo terráqueo.

▲ La Tierra está dividida por líneas que van de norte a sur, llamadas meridianos, y por líneas que van de este a oeste, llamadas paralelos.

▲ Los meridianos se usan para medir la longitud. Los paralelos para medir la latitud.

▲ La Tierra está dividida en 24 zonas horarias.

4–4 Mapas topográficos

▲ Los mapas topográficos muestran las diferentes formas y tamaños de las superficies terrestres.

▲ Los mapas topográficos usan curvas de nivel para mostrar el relieve.

Repaso de palabras claves

Define cada palabra o palabras con una oración completa.

4–1 Los continentes
isla
continente

4–2 Topografía
topografía
paisaje
elevación
relieve
montaña
cordillera
sistema montañoso
cinturón montañoso

llanura
llanura costera
llanura interior
meseta

4–3 Mapas de la superficie de la Tierra
mapa
globo terráqueo
escala
meridiano
primer meridiano
longitud

huso horario
línea de cambio de fecha
paralelo
ecuador
latitud
proyección
proyección de Mercator
proyección equivalente

4–4 Mapas topográficos
mapa topográfico
curva de nivel

Repaso del capítulo

Repaso del contenido

Selección múltiple

Selecciona la letra de la respuesta que complete mejor cada frase.

1. La masa terrestre más pequeña que se considera un continente es
   a. América del Norte. c. África.
   b. Australia. d. Groenlandia.

2. Las grandes zonas expuestas de roca muy antigua que forman el núcleo de un continente se llaman
   a. casquetes de hielo. c. escudos.
   b. montañas. d. meridianos.

3. Las cimas de las montañas se llaman
   a. desfiladeros. c. cumbres.
   b. elevaciones. d. proyecciones.

4. Las montañas aisladas son generalmente
   a. montañas volcánicas.
   b. sistemas montañosos.
   c. mesetas.
   d. ninguna de estas cosas.

5. La región de paisajes con la elevación general más baja es
   a. un cinturón montañoso. c. una meseta.
   b. una llanura costera. d. una llanura interior.

6. Las superficies amplias y planas a más de 600 metros sobre el nivel del mar se llaman
   a. llanuras. c. cultivos.
   b. mesetas. d. montañas.

7. La medida de la distancia hacia el este o el oeste desde el primer meridiano se llama
   a. latitud. c. proyección.
   b. paralelo. d. longitud.

8. Una proyección que muestra la forma correcta de las costas pero distorsiona los tamaños de las regiones alejadas del ecuador se llama
   a. proyección de Mercator.
   b. mapa topográfico.
   c. proyección equivalente.
   d. proyección de nivel.

9. Las líneas de un mapa que pasan a través de puntos con la misma elevación se llaman
   a. meridianos. c. paralelos.
   b. curvas de nivel. d. curvas de relieve.

Verdadero o falso

Si la afirmación es verdadera, escribe "verdad." Si es falsa, cambia las palabras subrayadas para que sea verdadera.

1. América Central es parte del continente de <u>América del Sur</u>.

2. Los tres principales tipos de regiones de paisajes son montañas, llanuras y <u>continentes</u>.

3. Las <u>llanuras</u> son zonas planas que no se levantan a más de 600 metros sobre el nivel del mar.

4. La distancia alrededor del mundo se mide en <u>grados</u>.

5. El <u>primer meridiano</u> divide los paralelos de latitud norte de los de latitud sur.

6. En una ciudad situada en un huso horario inmediatamente al <u>oeste</u> de otra ciudad será una hora más temprano.

Mapa de conceptos

Completa el siguiente mapa de conceptos para la sección 4–1. Consulta las páginas 16–17 para construir un mapa de conceptos para todo el capítulo.

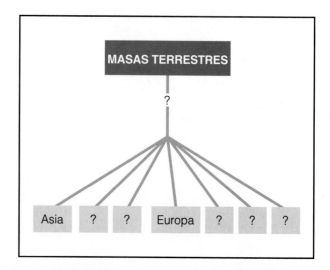

Dominio de conceptos

Comenta cada uno de los siguientes puntos en un párrafo breve.

1. Enumera los continentes. ¿Qué continente es también un país? ¿Qué continente está casi completamente cubierto por un espeso manto de hielo? ¿Qué continentes están unidos para formar las masas continentales más grandes?
2. ¿Cómo cambia el agua en movimiento la topografía de una zona?
3. Define el relieve en cuanto se relaciona con la topografía de la Tierra. ¿Qué característica del paisaje tendría un relieve alto y cuál tendria un relieve bajo?
4. ¿Cuáles son las semejanzas y las diferencias entre las llanuras interiores y las llanuras costeras?
5. ¿Por qué es importante la línea de cambio de fecha para los viajeros?
6. ¿Por qué son útiles los mapas y los globos terráqueos?
7. ¿Por qué es importante la referencia de un mapa? ¿Qué tipos de información puedes encontrar en la referencia de un mapa?

Pensamiento crítico y solución de problemas

Usa las destrezas que has desarrollado en este capítulo para resolver lo siguiente.

1. **Aplicar conceptos** Explica por qué la distancia medida en grados de latitud es siempre la misma, en tanto que la distancia medida en grados de longitud varía.
2. **Hacer predicciones** La mayor parte del hielo de la Tierra está en la Antártida o cerca de la Antártida. Imagina que la temperatura de la zona en torno al polo sur sube por encima del punto de congelación y que se derrite todo el hielo de la Antártida. ¿Qué regiones de paisaje del resto del mundo resultarán más afectadas? ¿Por qué?
3. **Interpretar mapas** ¿Qué intervalo de nivel se utilizó en la figura 4–27? ¿A qué elevación está la Escuela No. 8? Si quisieras escalar la colina de Grimes, ¿qué ladera elegirías para escalarla? ¿Por qué? ¿Por qué no querrías hacer una excursión en la zona situada directamente al oeste de la carretera principal? Busca la carretera sin pavimentar al oeste de la colina de Grimes. ¿Cuántos kilómetros caminarías si caminaras de un extremo a otro de la carretera? ¿Corre el arroyo hacia Smith Pond o desde Smith Pond? ¿Cómo puedes saberlo?
4. **Relacionar conceptos** Imagina que eres el capitán de un gran transatlántico que navega a través del océano Pacífico desde Asia hacia América del Norte, y encuentras que los mapas de tu cabina tienen la misma proyección que el mapa de la figura 4–21, en la página 127. ¿Tendrás problemas? ¿Por qué?
5. **Aplicar conceptos** Quieres ir a acampar con algunos amigos en un parque nacional. Tienes previsto entrar al parque siguiendo una carretera y dejar luego la carretera para caminar por el bosque. ¿De qué te serviría un mapa? ¿Cómo te ayudaría un mapa topográfico de la zona?
6. **Trazar mapas** Traza mapas topográficos de tres zonas imaginarias. La primera tiene un paisaje montañoso, la segunda tiene un paisaje de llanuras y la tercera tiene varias llanuras separadas por ríos.
7. **Usar el proceso de la escritura** Estás perdido en un bosque y tienes solamente un papel, un lápiz, algunas provisiones y Homer, tu fiel paloma mensajera. Planeas enviar a Homer a pedir auxilio. Escribe una nota para atar en la pata de Homer, incluyendo un mapa de tu ubicación.

El interior
terrestre

Guía para la lectura

Después de leer las siguientes secciones, podrás

5–1 El núcleo de la Tierra
- Relacionar el movimiento de las ondas sísmicas con la composición del núcleo de la Tierra.
- Describir las características del núcleo interior y el núcleo exterior.

5–2 El manto de la Tierra
- Describir las propiedades y la composición del manto.
- Explicar qué es el Moho.

5–3 La corteza de la Tierra
- Describir las características de la corteza de la Tierra.
- Comparar la corteza continental y la corteza oceánica.

En 1864, Julio Verne escribió *Viaje al centro de la Tierra*. En esta historia interesante e imaginativa, Verne describe su idea de lo que hay escondido debajo de la superficie del planeta.

Verne no era la única persona fascinada por ese mundo desconocido. Durante muchos años, los científicos han explorado el interior de la Tierra, pero no han podido utilizar sondas mecánicas como las que se emplean para explorar el espacio exterior. El tremendo calor y la presión del interior de la Tierra hacen que esta región sea mucho más difícil de explorar que los planetas situados a millones de kilómetros.

En este capítulo aprenderás acerca de la estructura y la composición de cada capa de la Tierra. Tal vez quieras leer después *Viaje al centro de la Tierra* y comparar la descripción de Julio Verne con el modelo científico del interior de la Tierra.

Diario *Actividad*

Tú y tu mundo ¿Has visitado alguna vez una caverna? Si lo has hecho, escribe en tu diario lo que sentiste al entrar por primera vez en sus profundidades. Si nunca has visitado una caverna, usa tu imaginación para describir cómo te parece que sería caminar bajo la superficie de la Tierra.

◄ *Un grupo de científicos desciende dentro de la Tierra colgados de lo que parece ser una hebra delgada.*

ACTIVIDAD

PARA HACER

¿Cuál es la causa de los terremotos?

1. Consigue cuatro muestras de alfombras de diferentes colores.

2. Pon las muestras una encima de otra.

3. Pon una mano en cada lado de la pila de alfombras y apriétalas suavemente hacia el centro. Describe lo que pasa.

Si las alfombras fueran en realidad capas de roca, ¿qué pasaría?

Figura 5–1 *Un terremoto en San Francisco retorció y resquebrajó esta carretera (izquierda). Un terremoto en Armenia redujo edificios a escombros (derecha).*

5–1 El núcleo de la Tierra

Los científicos usan telescopios y sondas espaciales para obtener información sobre los planetas y las estrellas. Usan microscopios para examinar los mundos invisibles de la vida terrestre y computadoras y otros instrumentos para obtener información sobre los átomos, los bloques básicos de toda la materia. Te sorprenderá saber que la mayoría de la información sobre el interior de la Tierra no proviene de instrumentos complejos, sino de los terremotos.

Terremotos y ondas sísmicas

Los terremotos ocurren cuando una parte de la capa superior de la Tierra se mueve bruscamente. Durante un terremoto, el suelo se sacude y tiembla. A veces el movimiento es tan violento que se derrumban edificios y se destruyen caminos y carreteras. Los terremotos producen ondas de choque que viajan a través de la Tierra. Esas ondas, que son en realidad ondas de energía, se llaman **ondas sísmicas.** Para hacer un modelo sencillo de la forma en que se mueven las ondas de choque, llena de agua hasta la mitad un fregadero o una vasija y arroja un guijarro en el centro de la superficie del agua. Observarás ondas que se mueven hacia fuera desde el punto de impacto formando círculos cada vez mayores.

Todos los terremotos producen por lo menos dos tipos de ondas sísmicas al mismo tiempo: ondas P y ondas S. Estas ondas se detectan y se registran por un

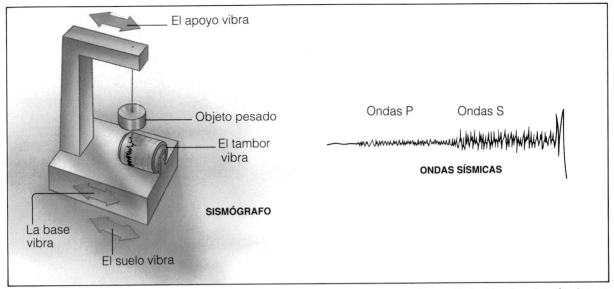

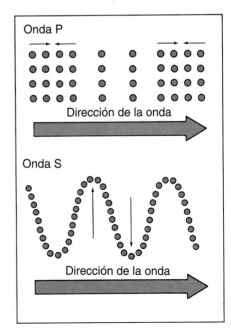

El apoyo vibra

Objeto pesado

El tambor vibra

La base vibra

El suelo vibra

SISMÓGRAFO

Ondas P   Ondas S

ONDAS SÍSMICAS

Figura 5–2 *Un sismógrafo detecta y registra las ondas de los terremotos, u ondas sísmicas. A la derecha se muestra la forma típica de las ondas sísmicas. ¿Cuáles son los dos tipos de ondas sísmicas?*

Figura 5–3 *Las ondas P juntan y separan las partículas de roca en la dirección del movimiento de la onda. Las ondas S mueven las partículas de roca de lado a lado en ángulo recto con el movimiento de la onda.*

Onda P

Dirección de la onda

Onda S

Dirección de la onda

instrumento especial llamado **sismógrafo.** En la figura 5–2 se muestra el aspecto y el funcionamiento de un sismógrafo. Las ondas sísmicas penetran en las profundidades de la Tierra y vuelven a la superficie. La velocidad y la dirección de las ondas cambian durante la travesía. Los cambios en el movimiento de las ondas sísmicas se deben a diferencias en la estructura y la composición del interior de la Tierra. Mediante el registro y el estudio de las ondas, los científicos han podido "ver" el interior de la Tierra.

¿Cómo exactamente han ayudado las ondas P y las ondas S a elaborar un modelo de la estructura interna de la Tierra? A una profundidad de 2900 kilómetros por debajo de la superficie de la Tierra, las ondas P que pasan a través de la Tierra disminuyen rápidamente su velocidad, en tanto que las ondas S desaparecen. Los científicos saben que las ondas P no se mueven bien y que las ondas S se interrumpen por completo en los líquidos. Los cambios en el movimiento de las dos ondas sísmicas a una profundidad de 2900 kilómetros indican entonces algo significativo. ¿Sabes qué es? Acertarás si dices que los 2900 kilómetros marcan el comienzo de una capa líquida de la Tierra. A una profundidad de 5150 kilómetros, las ondas P aumentan su velocidad. Este aumento indica que ya no viajan a través de una capa líquida. Están pasando en cambio por una capa sólida de la Tierra.

Tras observar las velocidades de las ondas P y las ondas S, los científicos han determinado que el centro de la Tierra, o el núcleo, está formado realmente por dos capas con características diferentes.

Figura 5–4 *La trayectoria de las ondas sísmicas cambia cuando viajan a través de la Tierra. La velocidad de las ondas P disminuye cuando pasan a través del núcleo exterior líquido. Cuando salen del núcleo exterior y pasan a través del núcleo interior, su velocidad aumenta. Este cambio en la velocidad tuerce las ondas. Las ondas S desaparecen cuando entran en el núcleo exterior. ¿Por qué? Observa que hay una zona de sombra sin ondas alrededor de toda la Tierra. La zona de sombra es producida por el torcimiento de las ondas sísmicas.*

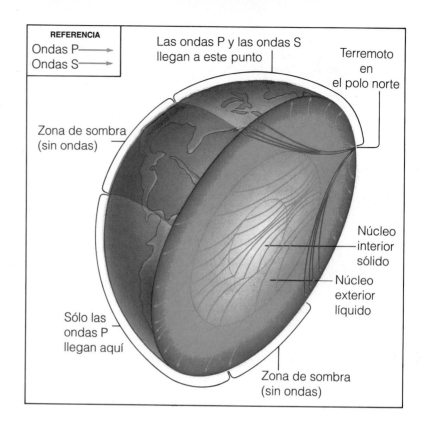

REFERENCIA
Ondas P ⟶
Ondas S ⟶

Las ondas P y las ondas S llegan a este punto

Terremoto en el polo norte

Zona de sombra (sin ondas)

Núcleo interior sólido

Núcleo exterior líquido

Sólo las ondas P llegan aquí

Zona de sombra (sin ondas)

El núcleo de la Tierra

Las dos capas del núcleo de la Tierra están formadas por los elementos hierro y níquel. La capa sólida interior se llama **núcleo interior**. El hierro y el níquel están aquí bajo una enorme presión. La temperatura del núcleo interior asciende a 5000°C. El hierro y el níquel generalmente se funden a esta temperatura, pero la enorme presión existente a esta profundidad hace que las partículas de hierro y níquel estén tan estrechamente apretadas que los elementos permanecen sólidos.

El radio, o la distancia desde el centro hasta el borde del núcleo interior, es de 1300 kilómetros. El núcleo interior empieza a una profundidad de aproximadamente 5150 kilómetros por debajo de la superficie. La presencia de hierro sólido en el núcleo interior puede explicar la existencia de campos magnéticos alrededor de la Tierra. Los científicos creen que el hierro produce un efecto similar al que se encuentra alrededor de un imán—es decir, un campo magnético. ¿Has experimentado alguna vez con limaduras de hierro y un imán? Si lo has hecho, ¿has podido observar la distribución de las limaduras alrededor del imán? Esta distribución identifica el campo magnético. Quizás tu profesor(a) pueda ayudarte a realizar esta actividad de modo que puedas ver con tus propios ojos un campo magnético.

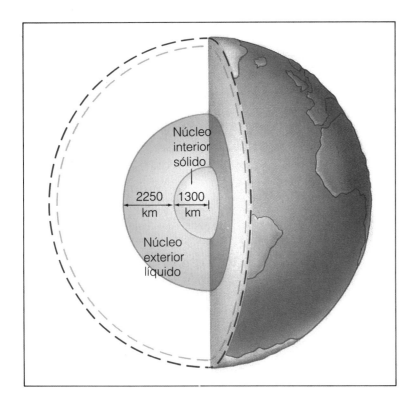

Núcleo interior sólido

2250 km | 1300 km

Núcleo exterior líquido

Alrededor del núcleo interior está la segunda capa de la Tierra, llamada el **núcleo exterior**. Éste empieza alrededor de 2900 kilómetros por debajo de la superficie de la Tierra y tiene un espesor de 2250 kilómetros. El núcleo exterior también está formado de hierro y níquel. En esta capa, la temperatura asciende a alrededor de 2200°C en la parte superior y a casi 5000°C cerca del núcleo interior. El calor hace que el hierro y el níquel del núcleo exterior se fundan y se transformen en un líquido caliente.

5–1 Repaso de la sección

1. ¿Qué datos han llevado a los científicos a concluir que el núcleo de la Tierra está formado por dos capas diferentes?
2. Nombra los dos tipos de ondas sísmicas. ¿En qué se parecen y en qué se diferencian estas ondas?
3. ¿En qué se parecen y en qué se diferencian el núcleo interior y el núcleo exterior?

Pensamiento crítico—*Hacer predicciones*
4. Trata de predecir qué pasaría con las ondas P y las ondas S si el núcleo exterior de la Tierra fuera sólido y el núcleo interior líquido.

ACTIVIDAD

PARA CALCULAR

Velocidad de las ondas sísmicas

Algunas clases de ondas sísmicas viajan a 24 veces la velocidad del sonido. La velocidad del sonido es de 1250 km/hr. ¿A qué velocidad viajan esas ondas sísmicas?

5–2 El manto de la Tierra

La capa de la Tierra situada directamente encima del núcleo exterior es el manto. El **manto** se extiende hasta alrededor de 2900 kilómetros por debajo de la superficie. Aproximadamente el 80% del volumen y el 68% de la masa de la Tierra están en el manto.

En 1909, el científico yugoslavo Andrija Mohorovicic observó un cambio en la velocidad de las ondas sísmicas a medida que avanzaban a través de la Tierra. Cuando llegaban a una profundidad de entre 32 y 64 kilómetros, su velocidad aumentaba. Este cambio en la velocidad de las ondas indicaba una diferencia en la densidad (cuán apretadas están las partículas de materia) o la composición de la roca. Mohorovicic descubrió un límite entre la capa exterior de la Tierra y el manto. En su honor, ese límite se llama en la actualidad el **Moho.**

Los científicos han hecho muchos esfuerzos para determinar la composición del manto. Han estudiado rocas de los volcanes, porque esas rocas se forman en las profundidades de la Tierra. Han estudiado también rocas del fondo del océano. **Después de estudiar muestras de rocas, los científicos han determinado que el manto**

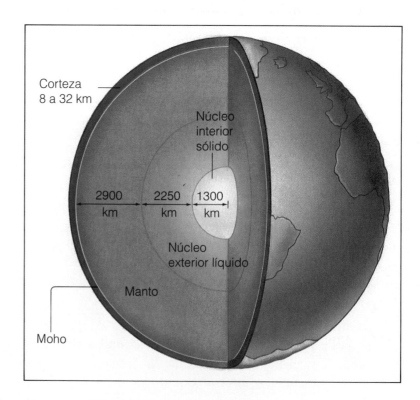

Figura 5–6 *El manto de la Tierra es la capa situada encima del núcleo exterior. La corteza es sólo una capa muy delgada de la Tierra. La mayor parte de la corteza está cubierta de tierra, rocas y agua. ¿Cómo se llama el límite entre el manto y la corteza?*

está formado principalmente de los elementos silicio, oxígeno, hierro y magnesio. El manto inferior tiene un mayor porcentaje de hierro que el manto superior.

La densidad del manto aumenta con la profundidad. Es posible que ello se deba al mayor porcentaje de hierro en el manto inferior. La temperatura y la presión dentro del manto aumentan también con la profundidad. La temperatura va de 870°C en el manto superior hasta alrededor de 2200°C en el manto inferior.

Los estudios de ondas sísmicas sugieren que la roca del manto puede fluir como un líquido espeso. La elevada temperatura y la alta presión del manto permiten que la roca sólida fluya lentamente, y cambie así de forma. Cuando un sólido tiene la capacidad de fluir, tiene la propiedad llamada **plasticidad.**

Figura 5–7 *El Kilauea es un volcán activo de Hawai. Puedes ver aquí la lava lanzada al aire por el volcán en erupción (derecha). La lava, ya sea de un volcán o de un valle de hendidura en el fondo del océano, forma estas "almohadillas" cuando el agua del océano la enfría rápidamente (izquierda).*

5–2 Repaso de la sección

1. ¿Qué elementos forman la mayor parte del manto?
2. ¿Dónde está situado el manto? ¿Hasta qué profundidad se extiende debajo de la superficie de la Tierra?
3. ¿Qué es el Moho?
4. ¿Qué es plasticidad?

Conexión—*Tú y tu mundo*
5. En las zonas donde son comunes los terremotos, los cimientos de los edificios se construyen de modo que puedan moverse ligeramente sobre cojines resbalosos especiales. Los arquitectos creen que esos edificios no sufrirán daños en los terremotos. ¿Cómo podría este tipo de construcción hacer que un edificio fuera más seguro durante un terremoto?

ACTIVIDAD
PARA HACER

Modelo del interior de la Tierra

1. Consigue una pelota de plástico (Styrofoam) de 15 cm de diámetro o más.

2. Corta cuidadosamente una sección de la pelota de modo que el resultado sea similar a la figura 5–6.

3. Dibuja líneas en el interior de la pelota y en el interior de la sección recortada para representar las cuatro capas de la Tierra.

4. Rotula y colorea cada capa de la pelota y de la sección.

Piensa en estas preguntas mientras lees.

▶ *¿Qué es la corteza de la Tierra?*

▶ *¿En qué se parecen y en qué se diferencian la corteza oceánica y la corteza continental?*

5–3 La corteza de la Tierra

La corteza de la Tierra es su delgada capa exterior. La **corteza** es mucho más delgada que el manto y que los núcleos exterior e interior. Es como la cáscara de una manzana. Toda la vida en la Tierra existe sobre la corteza o unos pocos cientos de metros por encima de ella. La mayor parte de la corteza no puede verse. Está cubierta de tierra, rocas y agua. Sin embargo, hay un lugar donde es posible ver la corteza. ¿Cuál te parece que es ese lugar?

La corteza está hecha de tres tipos de rocas sólidas: rocas ígneas, sedimentarias y metamórficas. Las rocas ígneas se forman cuando la roca líquida caliente del fondo de la Tierra se enfría y se endurece al llegar a la superficie. La palabra ígneo, que significa "nacido del fuego," explica exactamente cómo se forman esas rocas. Las rocas sedimentarias se forman cuando el peso de las capas formadas en el curso de mucho tiempo hace que los sedimentos—pequeños trozos de roca, arena y otros materiales—se aglutinen. Las rocas metamórficas se forman cuando las rocas ígneas y sedimentarias se transforman por el calor, la presión o la acción de productos químicos.

El espesor de la corteza varía. La corteza debajo de los océanos, llamada corteza oceánica, tiene menos de 10 kilómetros. Su espesor medio es de sólo 8 kilómetros. La corteza oceánica está formada principalmente de silicio, oxígeno, hierro y magnesio.

Figura 5–8 *Las formaciones rocosas naturales, como éstas en el Parque Nacional Big Bend, en Texas, tienen con frecuencia formas hermosas, y a veces también sorprendentes. En este cuadro se enumeran los elementos que forman la corteza de la Tierra. ¿Cuáles son los dos elementos más abundantes?*

ELEMENTOS DE LA CORTEZA DE LA TIERRA	
Elemento	**Porcentaje en la corteza**
Oxígeno	46.60
Silicio	27.72
Aluminio	8.13
Hierro	5.00
Calcio	3.63
Sodio	2.83
Potasio	2.59
Magnesio	2.09
Titanio	0.40
Hidrógeno	0.14
Total	99.13

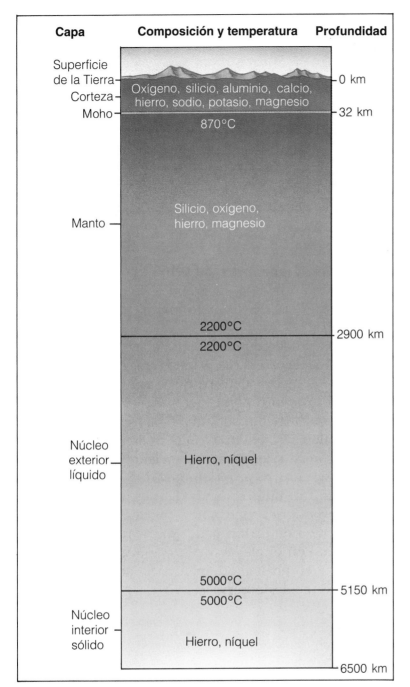

Capa	Composición y temperatura	Profundidad
Superficie de la Tierra		0 km
Corteza	Oxígeno, silicio, aluminio, calcio, hierro, sodio, potasio, magnesio	
Moho		32 km
	870°C	
Manto	Silicio, oxígeno, hierro, magnesio	
	2200°C	2900 km
	2200°C	
Núcleo exterior líquido	Hierro, níquel	
	5000°C	5150 km
	5000°C	
Núcleo interior sólido	Hierro, níquel	
		6500 km

Figura 5–9 *En este diagrama se resumen las principales características de las capas de la Tierra. ¿Qué capas son sólidas? ¿Qué capa es líquida?*

Pozo de actividades

¿Cuál es la roca más dura?, p. 172

ACTIVIDAD

PARA CALCULAR

¿Cuántas Tierras?

La distancia desde el centro de la Tierra hasta su superficie es de aproximadamente 6450 kilómetros. La distancia desde la Tierra hasta el sol es 150 millones de kilómetros. ¿Cuántas Tierras puestas en fila, una detrás de otra, se necesitan para llegar al sol?

La corteza debajo de los continentes, llamada corteza continental, tiene un espesor medio de alrededor de 32 kilómetros, pero es mucho más gruesa debajo de las montañas. Bajo algunas montañas, llega a más de 70 kilómetros. La corteza continental está formada principalmente de silicio, oxígeno, aluminio, calcio, sodio y potasio.

La corteza de la Tierra forma la parte superior de la **litosfera.** La litosfera es la parte sólida superior

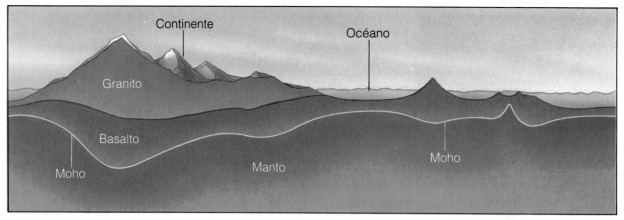

Figura 5–10 *La corteza de la Tierra está formada por dos capas. La capa superior está formada de granito y sólo se encuentra debajo de los continentes. La capa inferior está formada de basalto y se encuentra debajo de los continentes y de los océanos.*

(Labels in figure: Continente, Océano, Granito, Basalto, Moho, Manto, Moho)

CARRERAS

Geólogo(a)

Las personas que estudian la estructura, la composición y la historia de la Tierra se llaman **geólogos.** Los geólogos dedican parte de su tiempo a examinar rocas y otras estructuras de la corteza. Se especializan generalmente en una esfera particular de la geología. Para aprender más sobre este campo, puedes escribir al American Geological Institute, 5202 Leesburg Pike, Falls Church, VA 22041.

de la Tierra. Tiene entre 50 y 100 kilómetros de espesor y está dividida en grandes secciones llamadas placas litosféricas. Hay por lo menos siete placas principales.

La capa situada directamente debajo de la litosfera se llama la **astenosfera.** La astenosfera, que tiene entre 130 y 160 kilómetros de espesor, se considera en realidad el margen superior del manto. Está formada de sustancias calientes fundidas que tienen plasticidad y puede así fluir fácilmente. Las placas litosféricas se mueven sobre la astenosfera. Entenderás mejor este concepto si haces tu propio modelo de la litosfera y la astenosfera. Usa una rebanada de pan para representar una placa litosférica y una capa de jalea esparcida sobre un trozo de cartón para representar la astenosfera. Pon el pan sobre la confitura. Mueve ligeramente la rebanada de pan hacia adelante y hacia atrás. ¿Qué puedes observar?

5–3 Repaso de la sección

1. ¿Qué es la corteza de la Tierra?
2. Compara la corteza oceánica con la corteza continental.
3. ¿Cuáles son las características de la astenosfera? ¿Qué flota sobre esta capa?

Pensamiento crítico—*Relacionar conceptos*
4. Explica por qué no es posible que la roca metamórfica se formara antes que la roca ígnea o sedimentaria.

CONEXIONES

Belleza de las profundidades de la Tierra

El Smithsonian Institution de Washington, D.C. ha sido llamado muchas veces el desván de la nación. Pero no se trata de un desván polvoriento lleno de objetos que nadie usa ni quiere. Es en cambio un desván lleno de tesoros: un almacén de objetos de gran valor artístico hechos por mujeres y hombres de talento, así como de tesoros de la propia Tierra. Encontrarás allí diamantes, rubíes, zafiros y otras piedras preciosas de valor inestimable, todas formadas por fuerzas de la naturaleza en un "laboratorio" que conoces como la Tierra.

Por ejemplo, los científicos creen que los diamantes se forman en la parte superior del manto de la Tierra. La presión en esa zona es tremenda—alrededor de 65,000 veces más que en la superficie de la Tierra—y la temperatura está cerca de 1500°C. En estas condiciones extremas, el carbono puede transformarse en diamantes. La roca fundida cargada de diamantes es empujada a la superficie por explosiones volcánicas. Mediante minas cortadas en la corteza se sacan a la luz los diamantes formados hace muchísimo tiempo en el manto de la Tierra. Estos diamantes en bruto son de calidad muy diversa. Algunos se tallan y se transforman en piedras preciosas para joyas. Los que no son suficientemente perfectos para convertirse en joyas se usan para hacer taladros y sierras. Esos *diamantes industriales* son tan fuertes que pueden cortar muchos materiales, incluido el acero. Muchas veces se usan pequeño strozos de diamante en los taladros dentales que limpian las partes cariadas de los dientes y en las agujas que siguen los surcos de los discos que producen sonidos musicales.

Si puedes visitar el Smithsonian Institution en el futuro, recuerda esto: no todos los grandes tesoros preservados y protegidos entre las paredes de ese gran museo fueron hechos por la mano del hombre; muchos fueron formados por fuerzas que actuaban en las profundidades de la Tierra.

Las piedras preciosas, como este berilo verde, son muy hermosas. Los diamantes, muy apreciados por su belleza, tienen también usos importantes en la industria. Muchas veces se incrustan pequeñas partículas de diamante en los taladros (izquierda) y las sierras (derecha).

Investigación de laboratorio

Simulación de la plasticidad

Problema

¿Cómo puede simularse la plasticidad del manto de la Tierra?

Materiales *(por grupo)*

> 15 gramos de almidón de maíz
> 2 cubetas pequeñas con pico
> 10 ml de agua fría
> gotero
> cucharilla o barrita de metal para revolver

Procedimiento

1. Pon 15 gr de almidón de maíz en una de las cubetas. En el otro vaso, vierte 10 ml de agua fría.

2. Usa el gotero para añadir gradualmente el contenido de un gotero de agua al almidón. Revuelve la mezcla.

3. Sigue añadiendo agua, un gotero por vez, y revolviendo la mezcla después de cada adición. Deja de añadir agua cuando la mezcla resulte difícil de revolver.

4. Trata de verter la mezcla en tu mano. Trata de formar una bola y de oprimirla.

Observaciones

1. Antes de añadir el agua, ¿es el almidón un sólido, un líquido o un gas? ¿Es el agua un sólido, un líquido o un gas?

2. Cuando tratas de verter la mezcla en tu mano, ¿se comporta la mezcla como un sólido, un líquido o un gas?

3. Cuando tratas de formar con la mezcla una bola y ejerces presión, ¿se comporta la mezcla como un sólido, un líquido o un gas?

Análisis y conclusiones

1. ¿En qué sentido es la mezcla de almidón y agua similar al manto de la Tierra? ¿En qué sentido es distinta?

2. ¿Cómo puede influir la plasticidad del manto en el movimiento de las placas litosféricas de la Tierra?

3. **Por tu cuenta** Haz un modelo de una placa litosférica. Piensa en una manera de demostrar de qué forma la plasticidad del manto permite que se muevan las placas litosféricas de la Tierra.

Guía para el estudio

Resumen de conceptos claves

5-1 El núcleo de la Tierra

▲ Un terremoto es un movimiento brusco de la corteza exterior de la Tierra.

▲ Las ondas de choque producidas por un terremoto se llaman ondas sísmicas.

▲ Las ondas sísmicas se detectan y se registran mediante un instrumento llamado sismógrafo.

▲ Las ondas sísmicas llamadas ondas P y ondas S se utilizan para estudiar la estructura y la composición del interior de la Tierra.

▲ El núcleo de la Tierra está formado por un núcleo exterior líquido y un núcleo interior sólido. Ambas capas del núcleo están compuestas de hierro y níquel.

▲ Aunque la temperatura es suficientemente alta para derretir el hierro y el níquel, el núcleo interior es sólido a causa de la enorme presión.

▲ El hierro y el níquel densos del núcleo interior pueden ser la causa del campo magnético de la Tierra.

▲ La temperatura del núcleo exterior de la Tierra va de alrededor de 2200°C hasta casi 5000°C.

▲ Las ondas P no se mueven muy bien a través de los líquidos. Las ondas S no se mueven en absoluto a través de los líquidos. Esta información ha ayudado a los científicos a determinar que el núcleo exterior es líquido y el núcleo interior es sólido.

5-2 El manto de la Tierra

▲ El manto es la capa de la Tierra que está encima del núcleo exterior.

▲ El manto constituye alrededor del 80% del volumen y el 68% de la masa de la Tierra.

▲ El límite entre la capa exterior y el manto de la Tierra se llama Moho.

▲ El manto está formado principalmente de silicio, oxígeno, hierro y magnesio.

▲ La presión y la temperatura aumentan con la profundidad del manto.

▲ A causa del calor y la presión enormes del manto, las rocas del manto tienen la propiedad llamada plasticidad.

5-3 La corteza de la Tierra

▲ La corteza es la capa exterior delgada de la Tierra.

▲ La corteza está formada de rocas ígneas, sedimentarias y metamórficas.

▲ Los elementos más abundantes de la corteza son el oxígeno, el silicio, el aluminio, el hierro, el calcio, el sodio, el potasio y el magnesio.

▲ La corteza oceánica tiene alrededor de 8 kilómetros de espesor. La corteza continental tiene alrededor de 32 kilómetros de espesor.

▲ La corteza forma la parte superior de la litosfera. La litosfera contiene grandes secciones llamadas placas litosféricas.

▲ Las placas litosféricas se mueven sobre la astenosfera, el margen exterior del manto. La astenosfera exhibe la propiedad de la plasticidad.

Repaso de palabras claves

Define cada palabra o palabras con una oración completa.

5-1 El núcleo de la Tierra	5-2 El manto de la Tierra	5-3 La corteza de la Tierra
ondas sísmicas	manto	corteza
sismógrafo	Moho	litosfera
núcleo interior	plasticidad	astenosfera
núcleo exterior		

Repaso del capítulo

Repaso del contenido

Selección múltiple

Selecciona la letra de la respuesta que complete mejor cada frase.

1. Las ondas de choque producidas por un terremoto se miden con
   a. un radiógrafo.   c. un sonógrafo.
   b. un sismógrafo.   d. rayos láser.

2. El núcleo interior de la Tierra está formado de
   a. oxígeno y silicio.   c. hierro y silicio.
   b. hierro y níquel.   d. cobre y níquel.

3. El límite entre el manto y la corteza exterior de la Tierra se llama
   a. el Moho.
   b. el núcleo exterior.
   c. la litosfera.
   d. el lecho rocoso.

4. La corteza de la Tierra está formada principalmente de
   a. oxígeno y silicio.
   b. hierro y silicio.
   c. hierro y níquel.
   d. cobre y níquel

5. Cuando las ondas P y las ondas S llegan al núcleo exterior de la Tierra
   a. ambas siguen moviéndose a la misma velocidad.
   b. ambas se detienen por completo.
   c. las ondas P se detienen y las ondas S se hacen más lentas.
   d. Las ondas S se detienen y las ondas P se hacen más lentas.

6. La capa que tiene la mayor parte de la masa y del volumen de la Tierra es
   a. el manto.   c. la corteza.
   b. el magma.   d. el núcleo.

7. La capacidad de fluir de un sólido se llama
   a. ductilidad.   c. sismología.
   b. plasticidad.   d. porosidad.

8. La capa exterior delgada de la Tierra se llama
   a. manto.   c. corteza.
   b. Moho.   d. núcleo.

Verdadero o falso

Si la afirmación es verdadera, escribe "verdad." Si es falsa, cambia las palabras subrayadas para que sea verdadera.

1. La <u>atmósfera</u> es la capa exterior del manto sobre la cual se mueven las placas.

2. La capa interna de la Tierra se llama el núcleo <u>interior</u>.

3. La capa externa del núcleo está <u>fundida.</u>

4. Las <u>ondas S</u> se hacen más lentas cuando pasan a través de líquidos.

5. La capa exterior de la Tierra se llama la <u>corteza</u>.

6. La parte superior sólida de la Tierra está dividida en <u>placas litosféricas</u>.

7. La presencia de <u>cobre</u> en el núcleo interior puede explicar el campo magnético que existe alrededor de la Tierra.

Mapa de conceptos

Completa el siguiente mapa de conceptos para la sección 5–1. Consulta las páginas I6–I7 para preparar un mapa de conceptos para todo el capítulo.

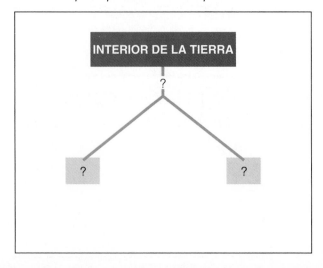

Dominio de conceptos

Comenta cada uno de los puntos siguientes en un párrafo breve.

1. ¿Cómo han aprendido los científicos la composición del interior de la Tierra?

2. ¿En qué difiere la corteza oceánica de la corteza continental?

3. ¿Cómo cambian la temperatura y la presión cuando avanzas desde la corteza hasta el núcleo interior de la Tierra? ¿Cómo afectan esa presión y esa temperatura las propiedades de los materiales que se encuentran en la Tierra?

4. Describe brevemente la obra de Andrija Mohorovicic ¿Qué descubrió este científico?

5. ¿Qué es roca ígnea, roca sedimentaria y roca metamórfica?

6. ¿De qué manera la propiedad llamada plasticidad que exhibe la astenosfera explica el movimiento de las placas litosféricas?

Pensamiento crítico y solución de problemas

Usa las destrezas que has desarrollado en este capítulo para resolver lo siguiente.

1. **Analizar datos** La temperatura del núcleo interior llega a alrededor de 5000°C. La temperatura del núcleo exterior empieza a 2200°C. Explica por qué el núcleo exterior es líquido y el núcleo interior es sólido.

2. **Relacionar conceptos** Suele decirse que "No hay mal que por bien no venga." ¿Cuál sería el "bien" de un terremoto?

3. **Analizar ilustraciones** Esta ilustración muestra las capas de la Tierra. Sin embargo, hay algo incorrecto en las ideas de este artista. Identifica los errores y describe lo que harías para corregirlos.

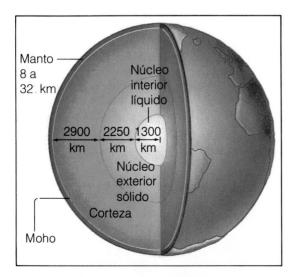

4. **Construir modelos** Usa la información contenida en este capítulo para hacer un modelo de las cuatro capas del interior de la Tierra. Puedes usar arcilla de diferentes colores, papier-mâché u otros materiales para hacer tu modelo. Mantén la profundidad y el espesor de cada capa de tu modelo en escala con la profundidad y el espesor reales de las capas de la Tierra. Incluye una referencia de la escala que usas para construir tu modelo. Por ejemplo, 1 centímetro de tu modelo podría ser igual a 1000 kilómetros de la Tierra.

5. **Interpretar diagramas** Mira la figura 5–4 de la página 144. Verás una zona de la Tierra llamada la zona de sombra. Utiliza este diagrama y tu conocimiento de las ondas sísmicas y de la estructura del interior de la Tierra para explicar qué es la zona de sombra.

6. **Usar el proceso de la escritura** Escribe un cuento breve sobre un viaje imaginario en una máquina capaz de perforar la Tierra. Haz que tu destino sea un país exótico en el lado de la Tierra opuesto a la ciudad o el pueblo en que vives. Usa un globo terráqueo para ayudarte. Tal vez quieras ilustrar este cuento con dibujos apropiados.

GACETA:

Alan Kolata y Oswaldo Rivera

LOS MISTERIOSOS CANALES DE BOLIVIA

L a pampa de Coani, una planicie sin árboles del norte de Bolivia, era rica en extraños lomos y depresiones, pero pobre en cultivos. Los indios aimaraes que habitaban esa llanura aluvial miraban impotentes cómo las heladas mataban sus cultivos y se pudrían sus papas en el suelo cenagoso. Sabían que hace casi mil años sus antecesores habían cultivado con éxito esas tierras. Esa poderosa civilización incaica, llamada el Estado Tihuanaco, había florecido entre el año 200 y el año 1000. ¿Qué métodos de cultivo conocían hace tantos años los tihuanacos que no conocen hoy los aimaraes?

En 1981, dos arqueólogos sugirieron una posible respuesta. Alan Kolata (abajo a la izquierda), profesor de arqueología y antro-pología de la Universidad de Chicago, y Oswaldo Rivera (abajo a la derecha), arqueólogo del Instituto Nacional de Arqueología de Bolivia, habían estado estudiando la cultura de los tihuanacos desde fines de los años 70. Creían que el secreto estaba en los lomos y las depresiones que atravesaban la llanura aluvial. Habían observado formaciones similares en sitios mayas y aztecas en las selvas de América Central y pensaban que eran parte de un sistema complejo de canales y plataformas elevadas que habían permitido a los tihuanacos producir con buenos resultados sus cultivos.

Kolata y Rivera necesitaban poner a prueba su hipótesis. Una teoría correcta y comprobada sería más que una demostración de su capacidad de investigación. Sería también una forma de revitalizar las granjas de

los aimaraes y producir cultivos resistentes. En 1981, el primer intento de los arqueólogos se enfrentó con una grave sequía. Recién en 1987, Kolata y Rivera pudieron convencer a los aimaraes de que volvieran a probar. Al principio, sólo un hombre convino en cooperar. Sus vecinos se burlaron de él, porque pensaban que los arqueólogos eran intrusos que sólo perjudicarían la agricultura de los aimaraes, y siguieron plantando sus cultivos lejos de los campos con las ondulaciones, en las colinas cercanas. Pero los arqueólogos y el aimará perseveraron. Trabajando juntos, volvieron a cavar los canales, plantaron las papas y observaron con entusiasmo que las plantas crecían más altas que nunca.

Unos pocos días antes de la primera cosecha, hubo una helada. Los aimaraes observaron impotentes cómo se perdía el 90% de sus cultivos en las laderas. Suponían que lo mismo ocurría con los que habían ayudado a plantar Kolata y Rivera. Pensaban que el aire más frío y más pesado descendería de las colinas hacia el valle y mataría todas las plantas.

Los arqueólogos esperaban otro resultado. Y efectivamente, cuando fueron antes del amanecer a investigar, observaron algo increíble. En todo el valle aluvial flotaba una neblina blanca que cubría los cultivos como un manto. Con los primeros rayos del sol, la neblina desapareció y se vieron las plantas de papas intactas. Casi toda la cosecha había sobrevivido la mortífera helada. En ese momento, Kolata y Rivera, junto con los agricultores aimaraes, reconocieron la inteligencia de los tihuanacos. Ese pueblo antiguo sabía cómo usar el sistema de canales y lomos para proteger sus cultivos. ¿Puedes imaginar cómo lo hacían?

Durante el día, el suelo absorbe el calor del sol. Pero pierde ese calor rápidamente durante la noche fría, y pone así en peligro los cultivos. Sin embargo, el agua conserva el calor mucho más tiempo que el suelo. La diferencia de temperatura entre el agua de los canales y el aire hace que el agua se evapore. Esto produce una neblina que protege los cultivos como un manto. Además, el agua tibia es atraída por acción

▲ **Estas agricultoras bolivianas recogen papas producidas en plataformas elevadas bordeadas por canales.**

capilar hacia las plataformas elevadas, y lleva calor hacia el suelo y los sistemas de raíces de las plantas.

Kolata y Rivera estaban encantados con su descubrimiento, sobre todo porque los aimaraes empezaron a confiar en ellos y a tratarles como amigos. Pero nadie estaba tan contento como los propios aimaraes. Con el "nuevo" sistema de cultivo, sus granjas empezaron a prosperar y a producir cosechas abundantes de papas, cebada, avena, lechuga y cebollas. Además, algas y bacterias que fijan el nitrógeno empezaron a crecer en los canales, y proveyeron una fuente útil de fertilizantes después que se cosecharon los cultivos y se drenaron los canales. ¡Y los aimaraes habían hecho todo esto volviendo a las costumbres de sus antecesores!

Entretanto, Kolata y Rivera siguen investigando la cultura de los tihuanacos, que culminó en el año 600 d.C. Les interesa especialmente la vida diaria de los tihuanacos: lo que comían, lo que vestían y la estructura de su sociedad. Con un equipo que incluye hidrólogos y expertos en computadoras, estudian los sofisticados templos y pirámides tihuanacos, al igual que su sistema de canales. Pero Kolata y Rivera están tan interesados en el presente como en el pasado. La tecnología de plataformas elevadas que ayudaron a establecer a los aimaraes puede usarse en otras partes de Bolivia para alimentar a una población hambrienta.

¿A quién le importa la lechuza manchada?

▲ **La extracción de madera de los bosques antiguos del Pacífico noroccidental pone en peligro la supervivencia de este par de lechuzas manchadas.**

E n el silencio de la noche de la cordillera de Cascade Mountain, en la costa del Pacífico, una pequeña lechuza manchada se lanza desde las ramas más altas de un pino Douglas, y aprovecha la oscuridad para buscar alimento. Es una criatura delicada, temerosa de la luz del día y de la atención humana. Pero está en el centro de una controversia sobre el medio ambiente.

La controversia se refiere a la industria forestal de la costa noroeste del Pacífico, ya que el hábitat natural de la lechuza manchada es también una fuente importantísima de madera para uso comercial. Tras un siglo de explotación forestal, se ha destruido el 90% de los pinos, cedros y robles, de por lo menos 250 años, que forman los bosques "antiguos." En el proceso de obtener la

madera necesaria para las casas, los edificios y los productos de papel, la industria de la madera ha destruido también los árboles que son el hogar de la lechuza manchada. A medida que su hábitat desaparecía, el número de aves se reducía. Se produjo entonces un confrontamiento entre los conservacionistas preocupados por la supervivencia de la lechuza y la industria forestal preocupada por sus empleados y sus ganancias.

A principios de los años 90, tras mucho debate, el Servicio de Pesca, Fauna y Flora Silvestre de los Estados Unidos declaró que la lechuza era una especie amenazada y adoptó planes para limitar la explotación forestal en las zonas de bosques antiguos a fin de proteger su hábitat. Hasta ese momento, el Servicio Forestal de los Estados Unidos, que es el encargado de administrar los bosques del país, vendía el equivalente de 12,000 millones de pies de madera por año a las empresas forestales. Esto representa casi 400,000 acres de bosques y 1,500 millones de dólares. Las restricciones actuales protegen unos 50,000 de estos acres por año. Pero los conservacionistas dicen que esto no basta y quieren que el gobierno imponga controles más estrictos sobre la industria maderera para proteger el hábitat de las lechuzas. Los empresarios forestales dicen que la amenaza para la lechuza es exagerada.

La lechuza no es lo único que está en juego en el debate sobre la explotación forestal; algunos ecologistas y conservacionistas dicen que está en juego un ecosistema forestal. Algunos dirigentes industriales dicen que están en juego 30,000 empleos y las economías de Oregón, del estado de Washington y el norte de California. El tema del debate es entonces, en realidad, la responsabilidad de la población con el medio ambiente.

Los árboles antiguos contienen una gran diversidad ecológica. Ellos cumplen un papel básico en la conservación de ese ecosistema. Son el hogar de insectos, pájaros, mamíferos y plantas. También cumplen una función en la limpieza del aire y la conservación del suelo y el agua de los bosques. Las hojas ayudan a limpiar el aire y las raíces previenen la erosión. Por último, los troncos y las hojas caídas aportan nutrientes al suelo.

Pero los árboles antiguos son importantes para la eco-

nomía. La corteza y el aserrín se usan como combustible para generar electricidad y para producir madera terciada. La madera se usa en la construcción. Y la pulpa de madera se usa para hacer papel. Por último, esta industria aporta cientos de miles de empleos en la región del Pacífico noroccidental y miles de millones de dólares de sueldos.

Los dirigentes industriales dicen que respetan el medio ambiente y que tienen derecho a usarlo y que protegen los árboles que literalmente les dan casa y comida. Dicen que gracias a la reforestación, el número de árboles se ha reducido solamente en un 25%, y no en un 90%. Aducen también que la industria forestal de los Estados Unidos satisface demandas del mundo industrializado y que una limitación estricta causaría la pérdida de 30,000 empleos y de cientos de millones de dólares en la próxima década.

Los conservacionistas dicen que esta industria hace más daño que bien. Temen que la industria haya excedido sus límites y sus derechos "naturales" al cortar los bosques. Explican que la reforestación no puede reemplazar los antiguos árboles que se cortan. Se puede volver a plantar árboles, pero no se puede reemplazar el ecosistema antiguo y su diversidad. También dicen que la industria forestal destruye de manera insensata el medio ambiente y a sí misma, ya que acabará con las tierras fo-restales explotables en 30 años.

En medio de este conflicto están los pobladores de los

▲ **Estos hermosos árboles dan albergue a muchos organismos. Son también fuente de empleos y de madera.**

▲ **Estos troncos cortados se convertirán en papel y madera.** ▶ **Desde el aire se puede ver cómo el desmonte produce un nuevo medioambiente. ¿Qué efectos tiene esta explotación forestal sobre el medio ambiente?**

estados del Pacífico norte. Quieren respetar la naturaleza, pero dependen de la industria forestal para sobrevivir. Para ellos, no es sólo una cuestión filosófica sobre el ser humano y el medio ambiente. Se trata del alimento en su mesa y de la ropa para sus hijos.

Una solución intermedia es un nuevo tipo de explotación forestal llamada "nueva silvicultura." Las técnicas tradicionales utilizan el método de desmonte. Se cortan así todos los árboles en parcelas de unos 40 acres. Desde el aire grandes áreas de esta región parecen como un enorme tablero de ajedrez hecho de parcelas taladas y parcelas con árboles. La nueva silvicultura ofrece un enfoque diferente. En lugar de cortar todos los árboles de una zona pequeña, propone que se exploten zonas más grandes y se dejen en pie entre el 20% y el 70% de los árboles. El plan exige también que se dejen algunos troncos cortados en el suelo del bosque para añadir nutrientes y

proporcionar alimento para las plantas y los animales. Según los ecólogos, las técnicas de la nueva silvicultura se parecen a la forma en que los bosques son afectados por catástrofes naturales, como los incendios. Al dejar una gran parte de los árboles en pie en una zona dada, esperan proteger la salud y la diversidad de los bosques.

Sin embargo, tanto la industria forestal como los conservacionistas han expresado preocupaciones acerca de la nueva silvicultura. Los empresarios dicen que este nuevo método es costoso y menos eficaz que el desmonte. Dicen también que no es necesario introducir ningún cambio en este momento. Los conservacionistas aducen que el plan no ofrece una solución completa para los problemas de la explotación forestal y que distrae en cambio la atención de esos problemas. ¿Crees que puede haber una "solución completa" para este debate sobre la explotación forestal?

CIUDADES BAJO EL MAR

Oh no—gemí. —Con esto se acaban nuestros planes de salir a la superficie.—
Miré con tristeza la imagen tridimensional que flotaba en medio de mi cuarto. El cuadro que se veía en mi holovisor mostraba olas gigantescas y una lluvia intensa. Podía oírse la voz del anunciador que describía la violenta tormenta que arreciaba 70 metros por encima de mi cabeza. El "tiempo" donde yo vivía estaba, por supuesto, en perfecta calma. Siempre lo estaba, ya que los efectos de las tormentas desaparecen unos pocos metros por debajo de la superficie del mar.

—Basta—dije al control de la computadora, descargando mi enojo y mi desilusión en la máquina.

—¿Y ahora qué?—pensé. Como respondiendo a mi pregunta, sonó el sistema de comunicaciones. —¿Sí?—dije ansiosa, volviéndome hacia la consola de la computadora.

Apareció en la pantalla la imagen de mi amiga Willie. —Parece que no vamos a ir al picnic en la isla después de todo—dijo. —¿Estás desilusionada?—

—Por supuesto. Sólo he estado en la superficie unas pocas veces. Estaba realmente entusiasmada con el paseo de hoy, pese a todo lo que pasa arriba: el peligro del sol para mi piel y mis ojos, la contaminación del aire, las tormentas, los días cálidos y los días fríos.—

—Anímate—respondió rápidamente Willie. —La profesora Melligrant tiene otro plan. Nos va a llevar al sitio de un naufragio. Está a muchos kilómetros de aquí, de modo que iremos en motonetas. ¡Recoge tus agallas y vamos andando!—

PREPARATIVOS PARA EL VIAJE

Entusiasmada con la idea de una aventura, me puse mi traje marítimo. Se sentía rígido y caliente dentro de mi casa submarina, pero yo sabía que apreciaría su calor y su protección en el frío mundo acuático de afuera.

Busqué luego en mi gaveta mis gafas y las importantísimas agallas. Observé la membrana delgada que se ajustaría cómodamente sobre mi nariz y mi boca. Me maravillé de que un instrumento tan pequeño y tan sencillo pudiera permitir a una persona trabajar y viajar durante incontables horas bajo el agua.

El material de que están hechas las agallas contiene proteínas. Esas proteínas separan el oxígeno del agua. Y nosotros respiramos el oxígeno. El material de las agallas se usa de muchísimas formas en nuestra ciudad submarina—en nuestros hogares, nuestros puestos de trabajo y nuestros vehículos de transporte—para proporcionar oxígeno para la respiración. Sin ellas no serían posibles las ciudades submarinas.

Vestida con mi traje para el agua y sosteniendo mis agallas y mis gafas, oprimí un botón que llamaría un transportador. Unos segundos más tarde, una lámpara azul se encendió sobre mi puerta. Mi vehículo había llegado. Al abrirse la puerta, entré al coche y oprimí el botón que indicaba adónde quería ir. Zumbando a través de los tubos transparentes que enlazan las distintas partes de la ciudad submarina podía ver docenas de otros coches que se movían en una y otra dirección.

Finalmente, mi coche llegó a la estación de transporte situada cerca de la gran bóveda de nuestra escuela. La profesora Melligrant y nueve estudiantes ya estaban en la escuela. Melligrant me hizo señas de que me acercara.

Me eché a reír al ver a John. Además del equipo habitual que todos llevábamos, John estaba cargado de cámaras, luces, una sonda sónica y un comunicador de largo alcance. La sonda sónica emitía sonidos que podían oír los peces pero no los seres humanos. Se usaba a menudo para atraer o alejar peces. El comunicador de largo alcance sería útil si nuestro pequeño grupo de exploradores tenía problemas lejos de casa.

La profesora Melligrant desplegó un gran mapa y nos señaló la zona aproximada del naufragio. Caminamos hacia la cámara de salida de la escuela, que se llenaría de agua cuando estuviéramos listos para salir. En la semioscuridad de la cámara, nuestros trajes brillaban, al igual que las motonetas submarinas estacionadas cerca. Tanto los trajes como las motonetas contienen materiales que emiten luz al reaccionar químicamente con el agua de mar. Sería así fácil ubicar nuestra banda de aventureros en la oscuridad del océano.

EXPLORACIÓN DE LAS PROFUNDIDADES

Cuando todos estuvimos listos, se oprimieron los botones y el agua inundó la cámara. Encendimos los motores de nuestras motonetas y seguimos a la profesora Melligrant al océano abierto. Después de viajar alrededor de un kilómetro, empezamos a ver las luces de la planta generadora de la ciudad. Desde el fondo del océano, la planta se eleva casi hasta la superficie del agua. Se genera en ella la electricidad para toda la ciudad. En una planta cercana se usa parte de la electricidad para separar hidrógeno del agua. El hidrógeno se usa como combustible.

Luego aparecieron los cultivos. Aunque no podíamos verlas, sabíamos que había cercas sónicas que rodeaban la zona. Esas cercas invisibles emiten sonidos que los peces pueden oír. Los peces no pasan a través de las ondas sónicas y hay por eso enormes cardúmenes de peces encerrados en granjas de piscicultura. Un pastor solitario nos saludó al pasar. A poca distancia, había luces intermitentes que indicaban la ubicación de cables muy gruesos. En el extremo de esos cables, que se extienden apenas por debajo de la superficie del océano, están los enormes macizos de kelp. El kelp, un tipo de alga, es un alimento importante y el cultivo de kelp una ocupación popular.

Pocos kilómetros después de las granjas de kelp, encontramos las primeras señales de minas submarinas. Según los habitantes más antiguos de nuestra ciudad, los minerales del fondo del mar habían atraído a los primeros habitantes submarinos. Los robot mineros, que parecían cangrejos enormes, se movían lentamente por el fondo del mar recogiendo trozos de titanio y manganeso.

Detrás de las minas había varios cañones enormes, que cruzamos rápidamente. Cuando nos acercamos a un cañón sumamente ancho, la profesora Melligrant redujo la velocidad de su motoneta, giró hacia la derecha y descendió gradualmente. Todos la seguimos.

El haz de la linterna de la profesora exploró el fondo del cañón y se detuvo en lo que parecía una gran roca. Habíamos llegado al naufragio. Estacionamos nuestras motonetas alrededor de él. Nuestros faros iluminaban toda la zona.

La profesora Melligrant no nos había dicho de qué tipo de naufragio se trataba. Esperábamos ver las chimeneas y los puentes de un antiguo trasatlántico, pero lo que veíamos era parte de un objeto en forma de embutido cubierto de organismos marinos.

Utilizando un comunicador portátil, la profesora nos explicó que se trataba de un submarino del siglo XX. En este tipo de vehículo, algunas personas sin agallas se habían aventurado bajo la superficie del mar.

A diferencia de otros exploradores de las profundidades, los tripulantes de estos submarinos no habían venido en paz. Pero eso había sucedido hacía muchísimo tiempo. Actualmente, el único enemigo que una persona puede encontrar bajo el agua es un tiburón curioso, que se puede espantar rápidamente con el ruido silencioso de una sonda sónica.

Otras lecturas

Si te han intrigado los conceptos examinados en este libro, puedes estar también interesado en las formas en que otros pensadores—novelistas, poetas, escritores y científicos—han explorado imaginariamente las mismas ideas.

Capítulo 1: La atmósfera terrestre

Carson, Rachel. *Silent Spring*. Boston, MA: Houghton Mifflin.

Randolph, Blythe. *Amelia Earhart*. New York: Watts.

Seuss, Dr. *The Lorax*. New York: Random House.

Silverstein, Alvin, and Virginia B. Silverstein. *Allergies*. Philadelphia, PA: Lippincott.

Verne, Jules. *Around the World in Eighty Days*. New York: Bantam Books.

Verne, Jules. *From the Earth to the Moon*. New York: Airmont.

Young, Louise B. *Sowing the Wind: Reflections on the Earth's Atmosphere*. New York: Prentice Hall Press.

Capítulo 2: Océanos terrestres

Berill, N.J., and Jacquelyn Berrill. *1001 Questions Answered About the Seashore*. New York: Dover.

Coleridge, Samuel Taylor. *The Rime of the Ancient Mariner*. New York: Dover.

Dejong, Meindert. *The Wheel on the School*. New York: Harper & Row.

Hemingway, Ernest. *The Old Man and the Sea*. New York: Macmillan.

Heyerdahl, Thor. *Kon-Tiki: Across the Pacific by Raft*. New York: Washington Square Press.

McClane, A.J. *McClane's North American Fish Cookery*. New York: Henry Holt

O'Dell, Scott. *The Black Pearl*. Boston, MA: Houghton Mifflin.

Peck, Richard. *Those Summer Girls I Never Met*. New York: Delacorte Press.

Verne, Jules. *Twenty Thousand Leagues Under the Sea*. New York: New American Library.

Wade, Wyn Craig. *The Titanic*. London, England: Penguin.

Capítulo 3: Agua dulce terrestre

Garden, Nancy. *Peace, 0 River*. New York: Farrar, Straus & Giroux.

Grahame, Kenneth. *The Wind in the Willows*. New York: Macmillan.

Moorehead, Alan. *The White Nile*. New York: Harper & Row.

Moorehead, Alan. *The Blue Nile*. New York: Harper & Row.

Pringle, Laurence. *Water: The Next Great Resource Battle*. New York: Macmillan.

Thomas, Charles B. *Water Gardens for Plants and Fish*. Neptune, NJ: TFH Publications.

Twain, Mark. *Life on the Mississippi*. New York: Harper & Row.

Walton, Izaak. *The Compleat Angler*. London, England: Penguin.

Capítulo 4: Masas continentales

Adams, Ansel. *Photographs of the Southwest*. New York: New York Graphic Society.

Lasky, Kathryn. *Beyond the Divide*. New York: Dell.

Parkman, Francis. *Oregon Trail*. New York: Airmont.

Riffel, Paul. *Reading Maps*. Northbrook, IL: Hubbard Science.

Rugoff, Milton. *Marco Polo's Adventures in China*. New York: Harper & Row.

Seredy, Kate. *The White Stag*. New York: Viking.

Twain, Mark. *Roughing It*. New York: Airmont.

Capítulo 5: El interior terrestre

Asimov, Isaac. *How Did We Find Out About Oil?* New York: Walker.

Goor, Ron, and Nancy Goor. *Exploring a Roman Ghost Town*. New York: Harper & Row Junior Books.

Jackson, Julia. *Treasures From the Earth's Crust*. Hillside, NJ: Enslow.

Lauber, Patricia. *Volcano: The Eruption and Healing of Mount St. Helens*. New York: Bradbury.

Rossbocker, Lisa A. *Recent Revolutions in Geology*. New York: Watts.

Traven, B. *The Treasure of the Sierra Madre*. New York: Farrar, Straus & Giroux.

Wilder, Laura. *West from Home: Letters of Laura Ingalls Wilder*. New York: Harper & Row Junior Books.

Pozo de actividades

¡Bienvenido al pozo de actividades! Esta es la parte más excitante y agradable de tu libro de ciencias. Usando el pozo actividades tendrás la oportunidad de hacer observaciones interesantes sobre ciencias. Lo mejor del pozo de actividades es que tú y tus compañeros actuarán como detectives, y como en toda investigación deberás buscar a través de la información para encontrar la verdad. Habrá muchos tropiezos, sorpresas y decepciones a lo largo del proceso. Por eso recuerda mantener la mente abierta, haz muchas preguntas y diviértete aprendiendo sobre ciencias.

Pozo de actividades

En muchas partes del país la lluvia contiene contaminantes químicos nocivos. Tal vez hayas leído acerca de la lluvia ácida. La lluvia ácida puede matar los peces de los lagos y dañar las hojas de los árboles. En las ciudades, puede dañar las estatuas y los edificios. Puedes hacer un modelo de lluvia ácida y observar algunos de los efectos nocivos que produce.

Materiales

3 platillos
3 monedas de 1 centavo
vinagre
cucharilla

Procedimiento

1. Coloca una moneda en cada uno de los tres platillos.

2. Vierte dos cucharadillas de agua sobre la moneda en el primer platillo.

3. Vierte dos cucharadillas de vinagre sobre la moneda en el segundo platillo. No hagas nada con la tercera.

4. Deja quietos los tres platillos y observa las tres monedas al día siguiente. (Tal vez quieras cubrir los platillos con un trozo de lámina de plástico para impedir que los líquidos se evaporen.)

Observaciones

Observa el aspecto de las tres monedas. Tal vez quieras hacer un dibujo de cada una.

Análisis y conclusiones

1. Explica los cambios que se produjeron en el aspecto de las tres monedas.

2. ¿Qué piensas que pasa con las piedras y otros objetos expuestos a la lluvia ácida durante un tiempo?

Investiga más

Junto con tus compañeros, procura idear un plan para proteger las monedas de la lluvia ácida. Imagina que no puedes impedir que la lluvia ácida se produzca. Presenta tus ideas a tu profesor(a) antes de ensayarlas.

O NADAS O TE HUNDES. ¿ES MÁS FÁCIL FLOTAR EN AGUA CALIENTE O EN AGUA FRÍA?

¿Puedes flotar? Tal vez ya sepas que es más fácil flotar en agua salada que en agua dulce. El agua salada es más densa que el agua dulce. ¿Es más fácil flotar en agua caliente o en agua fría? Esta investigación te ayudará a averiguarlo.

Materiales

fuente grande y profunda
agua fría del grifo
agua caliente del grifo
colorante
gotero

Procedimiento

1. Llena una fuente grande hasta las tres cuartas partes con agua fría.

2. Pon unas gotas de colorante en el gotero y llénalo con agua caliente. **CUIDADO:** *No te quemes. El agua caliente de algunos grifos sale muy caliente.*

3. Pon tu dedo sobre la apertura del gotero. Coloca cuidadosamente el gotero, acostado, en la fuente de agua fría. Debe estar completamente sumergido.

4. Retira lentamente tu dedo de la apertura del gotero y observa lo que ocurre.

Observaciones

1. Describe qué pasa con el agua caliente.

2. ¿Por qué añadiste colorante al agua caliente?

Análisis y conclusiones

1. ¿Cuál era más densa, el agua fría o el agua caliente? ¿Por qué?

2. ¿Sería más fácil flotar en agua fría o en agua caliente? ¿Por qué?

Investiga más

¿Qué habría pasado si hubieras puesto agua fría y colorante en el gotero y agua caliente en la fuente? ¿Qué crees que habría pasado al retirar tu dedo del gotero? Con el permiso de tu profesor(a), pon a prueba tu hipótesis.

Colorante

¿COMO SE MUEVE UN PEZ?

Los peces están bien adaptados para la vida en el agua. En esta actividad, observarás un pez y descubrirás por ti mismo(a) cómo están adaptados para vivir en el agua.

Materiales

un pececillo dorado
acuario
alimento para peces
termómetro

reloj
varias hojas de
   papel en blanco

Procedimiento

1. En una hoja de papel en blanco, haz un dibujo del pez visto de lado. En la misma hoja, haz un dibujo del pez visto de frente y otro del pez visto desde arriba.

2. Mientras observas tu pez, traza sus aletas en tus dibujos. Usa flechas para indicar cómo se mueve cada aleta. Si no parecen moverse, indícalo así en tu dibujo.

3. Alimenta al pez. Registra su reacción al alimento.

4. Toma la temperatura del agua. Anota la temperatura en una hoja de datos similar a la que se indica aquí. Cuenta ahora el número de veces que el pez abre y cierra sus agallas en un minuto. (Las agallas están situadas inmediatamente detrás de los ojos. Para vivir, los peces necesitan extraer oxígeno del agua.

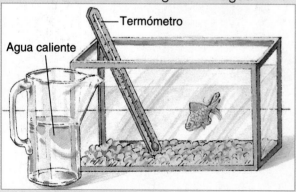

Termómetro

Agua caliente

Toman agua por la boca y la hacen pasar a través de las agallas.)

5. Añade un poco de agua caliente al acuario. Sólo quieres elevar la temperatura del agua unos pocos grados, de modo que ten cuidado. No hagas cambios muy drásticos. Cuenta las veces que las agallas se abren y se cierran en un minuto en el agua más caliente.

Observaciones

1. ¿Qué aleta o aletas hacen que el pez avance en el agua?

2. ¿Qué aleta o aletas ayudan al pez a girar de lado a lado?

3. ¿Qué relación guardan los movimientos de las agallas con la temperatura del agua?

CUADRO DE DATOS

	Las agallas se abren y se cierran
Temperatura 1	
Temperatura 2	

Análisis y conclusiones

¿Qué estructuras y comportamientos especiales permiten al pez sobrevivir en un mundo acuático?

Investiga más

Tal vez quieras preparar un acuario que refleje más precisamente el medio natural de un pez. Por ejemplo, pon una capa de grava en el fondo de acuario. Pon algunas piedras y plantas en el acuario. Examina el comportamiento de tu pez después de completar esta tarea. ¿Qué cambios observas?

¿CUÁL ES EL EFECTO DEL FOSFATO EN LAS PLANTAS?

Algunos productos químicos aparentemente inocuos tienen a veces efectos que no es fácil predecir. Por ejemplo, suelen añadirse detergentes al agua para lavar la ropa y la vajilla. Cuando la ropa y la vajilla se enjuagan, los detergentes entran a los sistemas sépticos de los hogares o a los sistemas de alcantarillado de las ciudades. Con el tiempo, pueden llegar a los arroyos, los lagos y las fuentes de agua subterránea. Hasta este momento, esta historia no parece muy especial.

Sin embargo, algunos detergentes contienen fosfatos. A causa de sus efectos sobre el crecimiento de las plantas, los detergentes con fosfatos se han prohibido en algunas comunidades. En esta investigación medirás los efectos de los fosfatos sobre el crecimiento de las plantas. Descubrirás las razones por las cuales las comunidades tratan de mantener sus fuentes de agua libres de fosfatos y prohiben por eso el uso de algunos detergentes para lavar la ropa y la vajilla.

Materiales

2 tubos de ensayo grandes, con tapones o corchos

soporte para tubos de ensayo, o taza o jarra de plástico

2 ramitas de *Elodea*

detergente con fosfatos

luz solar o lámpara

tijeras pequeñas

Antes de empezar

Asegúrate de que el detergente contenga fosfatos; hay muchos que no lo tienen. La *Elodea* es una planta acuática que suele usarse en los acuarios. Puedes comprarla en un negocio de venta de animalitos.

Procedimiento 🧪

1. Corta con tus tijeras dos ramitas de *Elodea* para que tengan el mismo largo. Mide el largo de las ramitas y anótalo en un cuadro de datos parecido al que se ve en la próxima página. Coloca una ramita de *Elodea* en cada tubo de ensayo.

2. Echa en cada tubo agua suficiente para llenarlo casi hasta el borde. Asegúrate de que la ramita de *Elodea* esté cubierta.

3. Coloca una pizca de detergente en un tubo de ensayo agítalo suavemente para mezclar los líquidos.

4. Pon los tapones en los tubos.

5. Coloca los tubos en un soporte, jarra o vaso. Coloca el soporte (o jarra, o vaso) en una ventana soleada o bajo la luz.

(Continúa)

6. Durante un mes, quita cuidadosamente cada tres días las ramitas de Elodea de los tubos y mídelas. Anota las medidas en tu cuadro de datos. Vuelve a colocar las ramitas en el mismo tubo de ensayo en que estaban. ¡No las confundas!

Observaciones

1. ¿Cuál era el control en este experimento? ¿Por qué?
2. Describe la *Elodea* colocada en agua pura.
3. Describe la *Elodea* colocada en agua con detergente.
4. ¿Por qué es importante volver a poner la ramita en el tubo correcto?

Análisis y conclusiones

1. ¿Afectó el detergente al crecimiento de la *Elodea*?
2. ¿Cómo explicas los resultados de esta investigación?
3. ¿Cómo impactaría el efecto de los fosfatos en las plantas acuáticas al abastecimiento de agua de una comunidad?

Investiga más

Diseña una investigación en que se comparen los efectos de los detergentes y los fertilizantes sobre el crecimiento de las plantas. Pide a tu profesor(a) que controle el diseño de tu investigación antes de empezar.

CUADRO DE DATOS

Día	Con detergente	Sin detergente
1		
4		
7		
10		
13		
16		
19		
22		
25		
28		
31		

PREPARACIÓN DE TIERRA

La tierra es una sustancia en que la mayoría de la gente ciertamente no piensa mucho. Esta sustancia común que está bajo nuestros pies y es fácil de ver contribuye en gran medida a la supervivencia humana. Las plantas necesitan tierra para crecer bien. La tierra fértil es lo que hace que nuestros campos sean tan productivos. En esta actividad, "fabricarás" tierra. Recuerda que lo que puedes conseguir en una tarde lleva en la naturaleza muchos años.

Materiales

piedras
arena
lente de aumento
hojas secas

fuente o cubo de plástico
muestra de tierra

Procedimiento

1. Utiliza el lente de aumento para examinar las piedras y la arena. Dibuja lo que observes en una hoja de papel.

2. Coloca una capa gruesa de arena en el fondo de la fuente o el cubo.

3. Desmenuza las hojas secas en trocitos muy pequeños. Tal vez quieras moler las hojas entre dos piedras planas.

4. Añade una capa de hojas molidas a la tierra. Con las manos, mezcla suavemente la arena y las hojas molidas.

5. Con el lente de aumento, compara la mezcla de tierra que has preparado con la que te ha dado tu profesor(a). Haz un dibujo de lo que observes.

Observaciones

1. Compara la arena con las muestras de piedra.

2. ¿Has observado trocitos de hojas u otras materias vegetales en la muestra de tierra que te dio tu profesor(a)?

3. ¿En qué se parece y en qué se diferencia la tierra que has hecho de la tierra de la muestra?

4. ¿Cómo puedes hacer que tu tierra se parezca más a la de la muestra?

Análisis y conclusiones

1. ¿De dónde viene la arena en la tierra natural?

2. ¿De dónde viene la materia vegetal en la tierra natural?

3. ¿Por qué la materia vegetal es una parte importante de la tierra?

4. ¿Por qué son la arena y otros materiales rocosos partes importantes de la tierra?

Investiga más

Diseña un experimento para comparar el crecimiento de las plantas en la tierra que has preparado con el crecimiento de las plantas en la tierra natural. Analiza tus planes con tu profesor(a) y obtén su permiso antes de empezar.

¿CUÁL ES LA PIEDRA MÁS DURA?

La dureza es una propiedad que se usa a menudo para identificar las piedras. En esta actividad, determinarás la dureza de varias piedras en relación con otras sustancias comunes. Los geólogos utilizan a menudo la escala de dureza de Mohs para determinar la dureza de una piedra. Pero si recoges piedras del campo, tal vez no te sea fácil transportar las diez muestras de minerales que representa la escala de Mohs. Es más fácil utilizar sustancias de que se dispone corrientemente para hacer una prueba de dureza.

Por ejemplo, una uña tiene una dureza de alrededor de 2.5, una moneda de un centavo una dureza de 3.0, la hoja de acero de un cuchillo una dureza de 5.5, y un pedazo de vidrio una dureza de 5.5 a 6.0.

Materiales

varias piedras diferentes
lámina cuadrada de vidrio
cuchillo de cocina de acero
moneda de 1 centavo

Procedimiento 🧪 🔲

1. Selecciona dos piedras. Trata de arañar una con la otra. Quédate con la más dura de las dos y deja de lado la otra.

2. Elige otra piedra y haz lo mismo que antes. Quédate con la más dura de las dos y deja de lado la otra.

3. Repite el procedimiento hasta que hayas identificado la piedra más dura de todas.

4. Compara las piedras para encontrar la segunda en dureza y continúa este procedimiento hasta que hayas puesto en orden las piedras desde la más dura hasta la más blanda.

5. Compara las piedras con los demás materiales de dureza conocida para determinar la dureza de tantos ejemplares como puedas. **CUIDADO:** *Ten cuidado al utilizar materiales cortantes. Tu profesor(a) te enseñará la forma de proceder.* Comunica tus resultados a tus compañeros. Usa sus resultados para confirmar los tuyos.

Observaciones

1. ¿Has encontrado rocas más blandas que tu uña?

2. ¿Arañó alguna roca la moneda?

3. ¿Ha habido alguna roca que no se arañó con la hoja del cuchillo?

4. ¿Arañó alguna roca la lámina de vidrio?

Análisis y conclusiones

1. La calcita tiene un índice de 3 en la escala de Mohs. ¿Podrías arañar la calcita con un penique?

2. Muchas personas piensan que el diamante (10 en la escala de Mohs) es el único mineral que puede arañar el vidrio. ¿Es esto correcto? ¿Por qué?

Apéndice A

Los científicos de todo el mundo usan el sistema métrico. Está basado en unidades de diez. Cada unidad es diez veces más grande o más pequeña que la siguiente. Abajo se pueden ver las unidades del sistema métrico más usadas. Cuando termines de leer sobre el sistema métrico, trata de usarlo. ¿Cuál es tu altura en metros? ¿Cuál es tu masa? ¿Cuál es tu temperatura normal en grados Celsio?

Unidades métricas más comunes

Longitud   Distancia de un punto a otro

metro (m)   Un metro es un poco más largo que una yarda.

1 metro = 1000 milímetros (mm)
1 metro = 100 centímetros (cm)
1000 metros = 1 kilómetro (km)

Volumen   Cantidad de espacio que ocupa un objeto

litro (L) =   Un litro es un poco más que un cuarto de galón.

1 litro = 1000 mililitros (mL)

Masa   Cantidad de materia que tiene un objeto

gramo (g)   El gramo tiene una masa más o menos igual a la de una presilla para papel.

1000 gramos = kilogramo (kg)

Temperatura   Medida de calor o frío

grados   0°C = punto de congelación del agua

Celsio (°C)   100°C = punto de ebullición del agua

Equivalencias métricas inglesas

2.54 centímetros (cm) = 1 pulgada (in.)
1 metro (m) = 39.37 pulgadas (in.)
1 kilómetro (km) = 0.62 millas (mi)
1 litro (L) = 1.06 cuartes (qt)
250 mililitros (mL) = 1 taza (c)
1 kilogramo (kg) = 2.2 libras (lb)
28.3 gramos (g) = 1 onza (oz)
$°C = 5/9 \times (°F - 32)$

REGLA MÉTRICA

Marcadores   Brazos

BALANZA DE TRES BRAZOS

Punto de ebullición del agua

Temperatura del cuerpo humano

Punto de congelación del agua

CILINDRO GRADUADO

TERMÓMETRO

¡Cuidado con los recipientes de vidrio!

1. Este símbolo te indicará que estás trabajando con recipientes de vidrio que pueden romperse. Procede con mucho cuidado al manejar esos recipientes. Y nunca uses vasos rotos ni astillados.
2. Nunca pongas al calor recipientes húmedos. Nunca tomes ningún recipiente si está caliente. Si lo está, usa guantes resistentes al calor.
3. Siempre limpia bien un recipiente de vidrio antes de guardarlo.

¡Cuidado con el fuego!

1. Este símbolo te indicará que estás trabajando con fuego. Nunca uses algo que produzca llama sin ponerte gafas protectoras.
2. Nunca calientes nada a menos que te digan que lo hagas.
3. Nunca calientes nada en un recipiente cerrado.
4. Nunca extiendas el brazo por encima de una llama.
5. Usa siempre una grapa, pinzas o guantes resistentes al calor para manipular algo caliente.
6. Procura tener un área de trabajo vacía y limpia, especialmente si estás usando una llama.

¡Cuidado con el calor!

Este símbolo te indicará que debes ponerte guantes resistentes al calor para no quemarte las manos.

¡Cuidado con los productos químicos!

1. Este símbolo te indicará que vas a trabajar con productos químicos que pueden ser peligrosos.
2. Nunca huelas un producto químico directamente. Usa siempre las manos para llevar las emanaciones a la nariz y hazlo solo si te lo dicen.
3. Nunca mezcles productos químicos a menos que te lo indiquen.
4. Nunca toques ni pruebes ningún producto químico a menos que te lo indiquen.
5. Mantén todas las tapas de los productos químicos cerradas cuando no los uses. Deséchalos según te lo indiquen.

6. Enjuaga con agua cualquier producto químico, en especial un ácido. Si se pone en contacto con tu piel o tus ropas, comunícaselo a tu profesor(a).

¡Cuidado con los ojos y la cara!

1. Este símbolo te indicará que estás haciendo un experimento en el que debes protegerte los ojos y la cara con gafas protectoras.
2. Cuando estés calentando un tubo de ensayo, pon la boca en dirección contraria a los demás. Los productos químicos pueden salpicar o derramarse de un tubo de ensayo caliente.

¡Cuidado con los instrumentos afilados!

1. Este símbolo te indicará que vas a trabajar con un instrumento afilado.
2. Usa siempre hojas de afeitar de un solo filo. Las hojas de doble filo son muy peligrosas.
3. Maneja un instrumento afilado con sumo cuidado. Nunca cortes nada hacia ti sino en dirección contraria.
4. Notifica inmediatamente a tu profesor(a) si te cortas.

¡Cuidado con la electricidad!

1. Este símbolo te indicará que vas a usar electricidad en el laboratorio.
2. Nunca uses cables de prolongación para enchufar un aparato eléctrico. No enchufes muchos aparatos en un enchufe porque puedes recargarlo y provocar un incendio.
3. Nunca toques un aparato eléctrico o un enchufe con las manos húmedas.

¡Cuidado con los animales!

1. Este símbolo, te indicará que vas a trabajar con animales vivos.
2. No causes dolor, molestias o heridas a un animal.
3. Sigue las instrucciones de tu profesor(a) al tratar a los animales. Lávate bien las manos después de tocar los animales o sus jaulas.

Apéndice C

Una de las primeras cosas que aprende un científico es que trabajar en el laboratorio es muy interesante. Pero el laboratorio puede ser un lugar muy peligroso si no se respetan las reglas de seguridad apropiadas. Para prepararte para trabajar sin riesgos en el laboratorio, lee las siguientes reglas una y otra vez. Debes comprender muy bien cada regla. Pídele a tu profesor(a) que te explique si no entiendes algo.

Vestimenta adecuada

1. Muchos materiales del laboratorio pueden ser dañinos para la vista. Como precaución, usa gafas protectoras siempre que trabajes con productos químicos, mecheros o una sustancia que pueda entrarte en los ojos. Nunca uses lentes de contacto en el laboratorio.

2. Usa un delantal o guardapolvo siempre que trabajes con productos químicos o con algo caliente.

3. Si tienes pelo largo, átatelo para que no roce productos químicos, mecheros, velas u otro equipo del laboratorio.

4. No debes llevar ropa o alhajas que cuelguen y puedan entrar en contacto con productos químicos o con el fuego.

Normas generales de precaución

5. Lee todas las instrucciones de un experimento varias veces. Síguelas al pie de la letra. Si tienes alguna duda, pregúntale a tu profesor(a).

6. Nunca hagas nada sin autorización de tu profesor(a). Pide permiso antes de "experimentar" por tu cuenta.

7. Nunca intentes usar un equipo si no te han dado permiso para hacerlo.

8. Ten mucho cuidado de no derramar nada en el laboratorio. Si algo se derrama, pregunta inmediatamente a tu profesor(a) cómo hacer para limpiarlo.

9. Nunca comas en el laboratorio.

10. Lávate las manos antes y después de cada experimento.

Primeros auxilios

11. Por menos importante que parezca un accidente, informa inmediatamente a tu profesor(a) si ocurre algo.

12. Aprende qué debes hacer en caso de ciertos accidentes, como si te cae ácido en la piel o te entra en los ojos. (Enjuágate con muchísima agua.)

13. Debes saber dónde está el botiquín de primeros auxilios. Pero es tu profesor(a) quien debe encargarse de dar primeros auxilios. Puede que él o ella te envíe a la enfermería o llame a un médico.

14. Debes saber dónde llamar si hay un accidente o un incendio. Averigua dónde está el extinguidor, el teléfono y la alarma de incendios. Debe haber una lista de teléfonos importantes—como los bomberos y la enfermería—cerca del teléfono. Avisa inmediatamente a tu profesor(a) si se produce un incendio.

Precauciones con el calor y con el fuego

15. Nunca te acerques a una fuente de calor, como un mechero o una vela sin ponerte las gafas protectoras.

16. Nunca calientes ningún producto químico si no te lo indican. Un producto inofensivo cuando está frío puede ser peligroso si está caliente.

17. Tu área de trabajo debe estar limpia y todos los materiales alejados del fuego.

18. Nunca extiendas el brazo por encima de una llama.

19. Debes saber bien cómo encender un mechero Bunsen. (Tu profesor(a) te indicará el procedimiento apropiado.) Si la llama salta del mechero, apaga el gas inmediatamente. No toques el mechero. ¡Nunca dejes un mechero encendido sin nadie al lado!

20. Cuando calientes un tubo de ensayo, apúntalo en dirección contraria. Los productos químicos pueden salpicar o derramarse al hervir.

21. Nunca calientes un líquido en un recipiente cerrado. Los gases que se producen pueden hacer que el recipiente explote y te lastime a ti y a tus compañeros.

22. Antes de tomar un recipiente que se ha calentado, acerca primero el dorso de tu mano. Si puedes sentir el calor, el recipiente está todavía caliente. Usa una grapa o pinzas cuando trabajes con recipientes calientes.

Precauciones en el uso de productos químicos

23. Nunca mezcles productos químicos para "divertirte". Puede que produzcas una sustancia peligrosa tal como un explosivo.

24. Nunca toques, pruebes o huelas un producto químico si no te indican que lo hagas. Muchos de estos productos son venenosos. Si te indican que observes las emanaciones, llévalas hacia la nariz con las manos. No las aspires directamente del recipiente.

25. Usa sólo los productos necesarios para esa actividad. Todos los envases deben estar cerrados si no están en uso. Informa a tu profesor(a) si se produce algún derrame.

26. Desecha todos los productos químicos según te lo indique tu profesor(a). Para evitar la contaminación, nunca los vuelvas a poner en su envase original.

27. Ten mucho cuidado cuando trabajes con ácidos o bases. Viértelos en la pila, no sobre tu mesa.

28. Cuando diluyas un ácido, viértelo en el agua. Nunca viertas agua en el ácido.

29. Enjuágate inmediatamente la piel o la ropa con agua si te cae ácido. Notifica a tu profesor(a).

Precauciones con el uso de vidrio

30. Para insertar vidrio en tapones o tubos de goma, deberás usar un movimiento de rotación y un lubricante. No lo fuerces. Tu profesor(a) te indicará cómo hacerlo.

31. No calientes recipientes de vidrio que no estén secos. Usa una pantalla para proteger el vidrio de la llama.

32. Recuerda que el vidrio caliente no parece estarlo. Nunca tomes nada de vidrio sin controlarlo antes. Véase # 22.

33. Cuando cortes un tubo de vidrio, lima las puntas inmediatamente para alisarlas.

34. Nunca uses recipientes rotos ni astillados. Si algo de vidrio se rompe, notifícalo inmediatamente y desecha el recipiente en el lugar adecuado.

35. Nunca comas ni bebas de un recipiente de vidrio del laboratorio. Limpia los recipientes bien antes de guardarlos.

Uso de instrumentos afilados

36. Maneja los bisturíes o las hojas de afeitar con sumo cuidado. Nunca cortes nada hacia ti sino en dirección contraria.

37. Notifica inmediatamente a tu profesor(a) si te cortas.

Precauciones con los animales

38. No debe realizarse ningún experimento que cause dolor, incomodidad o daño a los animales en la escuela o en la casa.

39. Debes tocar a los animales sólo si es necesario. Si un animal está nervioso o asustado, preñado, amamantando o con su cría, se requiere cuidado especial.

40. Tu profesor(a) te indicará cómo proceder con cada especie animal que se traiga a la clase.

41. Lávate bien las manos después de tocar los animales o sus jaulas.

Al concluir un experimento

42. Después de terminar un experimento limpia tu área de trabajo y guarda el equipo en el lugar apropiado.

43. Lávate las manos después de cada experimento.

44. Apaga todos los mecheros antes de irte del laboratorio. Verifica que la línea general esté también apagada.

Apéndice D

SIMBOLOS DE LOS MAPAS

Fronteras

Nacional . . . .

Estatal o territorial . . . .

Distrito o equivalente . . . .

Ciudad o equivalente . . . .

Municipio o equivalente . . . .

Parque, reserva o monumento . . . .

Parque pequeño . . . .

Carreteras, etc.

Carretera principal . . . .

Carretera secundaria . . . .

Camino poco transitado . . . .

Camino sin mejorar . . . .

Sendero . . . .

Carretera de doble sentido . . . .

Carretera de doble sentido con medianera . .

Puente . . . .

Túnel . . . .

Edificios, etc.

Vivienda o lugar de empleo: pequeño;

   grande . . . .

Escuela; templo, etc. . . . .

Establo, almacén, etc.: pequeño; grande . . . .

Aeropuerto . . . .

Campamento; zona de picnic . . . .

Cementerio: pequeño; grande . . . .

Ferrocarriles, etc.

Vía estándar de una sola trocha; estación . . .

Vía estándar de trochas múltiples . . . .

Curvas de nivel

Intermedia . . . .

Índice . . . .

Suplementaria . . . .

Depresión . . . .

Corte; relleno . . . .

Características superficiales

Dique . . . .

Zonas de arena o barro,

   dunas . . . .

Playa de grava o morena glacial . . . .

Vegetación

Bosque . . . .

Matorrales . . . .

Huerto de frutales . . . .

Viñedo . . . .

Costa marina

Línea media de la marea alta . . . .

Indefinida o sin medir . . . .

Características costeras

Planicie entre mareas . . . .

Arrecife rocoso o coralino . . . .

Rocas desnudas o semicubiertas . . . .

Rompiente, muelle, espigón o embarcadero .

Rompeolas . . . .

Ríos, lagos y canales

Arroyo permanente . . . .

Río permanente . . . .

Pequeña catarata; pequeños rápidos . . . . . .

Gran catarata; grandes rápidos . . . .

Lago seco . . . .

Margen estrecho . . . .

Margen ancho . . . .

Pozo de agua; fuente o filtración . . . .

Zonas sumergidas y pantanos . . . .

Marisma o pantano . . . .

Marisma o pantano sumergido . . . .

Marisma o pantano boscoso . . . .

Terrenos inundables . . . .

Elevaciones

Lugar y elevación . . . .

X$_{212}$

Glosario

acuífera: capa de roca o sedimento que permite que pase fácilmente el agua subterránea.

agua blanda: agua que no contiene minerales.

agua dura: agua que contiene gran cantidad de minerales disueltos, especialmente calcio y magnesio.

agua subterránea: agua que se absorbe en el suelo y permanece en el suelo.

arrecife coralino: gran masa de rocas calcáreas que rodea una isla volcánica situada en aguas tropicales cerca de una plataforma continental.

arrecife costero: arrecife coralino que toca la costa de una isla volcánica.

arrecife de barrera: arrecife coralino separado de la costa de una isla por una zona de aguas poco profundas llamada albufera.

astenosfera: capa de la Tierra situada directamente debajo de la litosfera.

atmósfera: cubierta de gases que rodea la Tierra.

atolón: anillo de arrecifes coralinos que rodean una isla que ha sido desgastada y se ha hundido por debajo de la superficie del océano.

bentos: organismos que viven en el lecho del océano.

cañón submarino: valle profundo en forma de V cortado en la roca a través de una plataforma y un talud continental.

capa freática: superficie entre la zona de saturación y la zona de aireación que marca el nivel por debajo del cual el suelo está saturado o empapado de agua.

caverna: pasaje subterráneo formado cuando el ácido carbónico del agua subterránea disuelve la roca calcárea.

ciclo del agua: movimiento continuo del agua desde los océanos y las fuentes de agua dulce hacia el aire y la tierra y finalmente de nuevo a los océanos; llamado también ciclo hidrológico.

cinturón montañoso: gran grupo de montañas que incluye cordilleras y sistemas montañosos.

cinturones de radiación de Van Allen: capas de alta radiación alrededor de la Tierra en que quedan atrapadas partículas cargadas.

condensación: proceso por el cual el vapor de agua vuelve a transformarse en líquido; segundo paso del ciclo del agua.

continente: gran masa terrestre que mide millones de kilómetros cuadrados y se eleva a una distancia considerable por encima del nivel del mar.

cordillera: series aproximadamente paralelas de montañas que tienen la misma forma y estructura generales.

cordillera mesooceánica: cadena de montañas situada bajo el océano.

corriente ascendente: ascenso de corrientes profundas y frías hacia la superficie del océano.

corriente de chorro: vientos fuertes en dirección este que soplan horizontalmente alrededor de la Tierra.

corriente de convección: movimiento del aire causado por el aire frío y denso que baja y el aire cálido y menos denso que sube.

corriente profunda: corriente oceánica causada principalmente por las diferencias en la densidad del agua en las profundidades del océano.

corriente superficial: corriente oceánica causada principalmente por los vientos.

corriente turbia: corriente de agua del océano que arrastra grandes cantidades de sedimentos.

corteza: capa exterior delgada de la Tierra

costa: límite en que se encuentran la tierra y el océano.

cresta: punto más alto de una ola.

cuenca: zona terrestre en que los escurrimientos superficiales se vuelcan en un río o un sistema de ríos y arroyos.

curva de nivel: línea que pasa por todos los puntos de un mapa que tienen la misma elevación.

ecuador: línea imaginaria que rodea la Tierra y la divide en dos hemisferios; paralelo situado a mitad de la distancia entre el polo norte y el polo sur.

elevación: altura sobre el nivel del mar.

embalse: lago artificial utilizado como fuente de agua dulce.

escala: se utiliza para comparar las distancias en un mapa o un globo terráqueo con las distancias reales en la superficie terrestre.

escurrimiento superficial: agua que entra a un río o un arroyo después de una lluvia intensa o durante un deshielo primaveral de nieve o hielo.

espacio de poros: espacio entre las partículas de suelo.

estratósfera: capa de la atmósfera terrestre que se extiende desde la tropopausa hasta una altura de unos 50 kilómetros.

evaporación: proceso mediante el cual la energía solar hace que el agua de la superficie terrestre se convierta en vapor de agua, que es la fase gaseosa del agua; primer paso del ciclo del agua.

exosfera: parte superior de la termosfera que se extiende desde aproximadamente 550 kilómetros sobre la superficie terrestre hasta miles de kilómetros de altura.

fosa: grieta o hendidura submarina larga y angosta a lo largo del borde del fondo del océano.

glaciar: masa enorme de hielo y nieve en movimiento.

glaciar continental: manto espeso de nieve o de hielo que se acumula en las regiones polares de la Tierra; llamado también manto polar.

glaciar de valle: glaciar largo y estrecho que se mueve hacia abajo entre los lados escarpados de un valle de montaña.

glacias continental: parte de un margen continental que separa un declive continental del fondo marino.

globo terráqueo: modelo esférico, o redondo, de la Tierra.

guyote: montaña submarina de cumbre plana.

hemisferio: mitad norte o sur de la Tierra

hidrosfera: parte de la superficie terrestre consistente de agua.

huzo horario: cinturón longitudinal de la Tierra en que todas las regiones tienen la misma hora local.

iceberg: gran trozo de hielo desprendido de un glaciar continental en la costa y que flota en el mar.

impermeable: término utilizado para describir las sustancias a través de las cuales el agua no puede moverse rápidamente; se opone a permeable.

ion: partícula cargada de electricidad.

ionosfera: parte inferior de la termosfera que se extiende desde 80 kilómetros hasta 550 kilómetros por encima de la superficie terrestre.

isla: masa terrestre pequeña completamente rodeada de agua.

latitud: medida de la distancia hacia el norte y hacia el sur del ecuador.

línea de cambio de la fecha: línea situada a lo largo del meridiano 180; cuando se cruza la línea en dirección oeste, se añade un día; cuando se cruza en dirección este, se resta un día.

litosfera: parte de la superficie terrestre cubierta de tierra; parte superior sólida de la Tierra.

longitud: medida de la distancia hacia el este y hacia el oeste del primer meridiano.

longitud de ola: distancia horizontal entre dos crestas consecutivas o dos senos consecutivos.

llanura: superficie terrestre plana que no se eleva mucho sobre el nivel del mar.

llanura abisal: gran zona plana del fondo marino.

llanura costera: zona baja y plana a lo largo de una costa (lugar en que la tierra se encuentra con el océano).

llanura interior: zona baja y plana situada en el interior de un continente; tiene una altura sobre el nivel del mar algo mayor que una llanura costera.

magnetosfera: zona que cubre la Tierra por encima de la atmósfera, y en la que actúa la fuerza magnética de la Tierra.

manto: capa de la Tierra situada directamente encima del núcleo exterior.

mapa: dibujo de la Tierra, o de parte de la Tierra, en una superficie plana.

mapa topográfico: mapa que indica las diferentes formas y tamaños de una superficie terrestre.

margen continental: zona en que el borde sumergido de un continente se encuentra con el fondo del océano.

meridiano: línea trazada entre los puntos en un globo terráqueo, o un mapa, que representan el polo norte y el polo sur geográficos de la Tierra.

meseta: zona terrestre amplia y plana que se eleva más de 600 metros sobre el nivel del mar.

mesosfera: capa de la atmósfera de la Tierra que se extiende desde unos 50 kilómetros hasta unos 80 kilómetros por encima de la superficie terrestre.

Moho: límite entre la capa exterior de la Tierra (corteza) y el manto.

montaña: formación natural del suelo que alcanza grandes elevaciones, con una cima, o cumbre, estrecha y lados, o laderas, escarpados.

montaña submarina: montaña volcánica subterránea del fondo del océano.

necton: formas de vida marina que nadan

núcleo exterior: segunda capa de la Tierra que rodea el núcleo interior.

núcleo interior: capa interior sólida de la corteza de la Tierra.

oceanógrafo(a): científico(a) que estudia los océanos.

onda sísmica: onda de choque que viaja a través de la Tierra producida por los terremotos.

ozono: gas de la atmósfera terrestre formado cuando se combinan tres átomo de oxígeno.

paisaje: características físicas de la superficie terrestre que se encuentran en una zona.

paralelo: línea trazada de este a oeste en un mapa o globo terráqueo que atraviesa perpendicularmente un meridiano.

permeable: término utilizado para describir sustancias a través de las cuales el agua puede moverse fácilmente.

plancton: animales y plantas que flotan en la superficie o cerca de la superficie del océano.

plasticidad: capacidad de un sólido de fluir o cambiar de forma.

plataforma continental: parte relativamente plana de un margen continental cubierta de aguas poco profundas.

polaridad: propiedad de una molécula con cargas opuestas en los extremos.

precipitación: proceso por el cual el agua vuelve a la Tierra en forma de lluvia, nieve, aguanieve o granizo; tercer paso del ciclo del agua.

presión del aire: fuerza sobre la superficie de la Tierra causada por la fuerza de gravedad que atrae las capas de aire que rodean la Tierra.

primer meridiano: meridiano que pasa por Greenwich (Inglaterra).

proyección: representación de un objeto tridimensional en una superficie plana.

proyección de Mercator: proyección utilizada para la navegación en que se muestra la forma correcta de las costas, pero en que las formas de las masas de tierra y de agua lejos del ecuador resultan distorsionadas.

proyección equivalente: proyección en que se indica correctamente la superficie pero las formas resultan distorsionadas.

relieve: diferencia entre las elevaciones de una región.

salinidad: término utilizado para describir la cantidad de sales disueltas en el agua del océano.

seno: punto más bajo de una ola.

sismógrafo: instrumento utilizado para detectar y registrar las ondas P y las ondas S producidas por los terremotos.

sistema montañoso: grupo de cordilleras en una zona.

solución: sustancia que contiene dos o más sustancias mezcladas al nivel molecular.

solvente: sustancia en que se disuelve otra sustancia.

talud continental: parte del margen continental, al borde de una plataforma continental, en que el fondo del océano se hunde bruscamente 4 o 5 kilómetros.

termoclinal: zona en que la temperatura del océano baja rápidamente.

termosfera: capa de la atmósfera terrestre que comienza a una altura de unos 80 kilómetros y no tiene límite superior definido.

topografía: forma de la superficie de la Tierra.

troposfera: capa de la atmósfera más cercana a la Tierra.

tsunami: ola marina causada por un terremoto.

zona abisal: zona del mar abierto que se extiende hasta una profundidad media de 6000 metros.

zona batial: zona del mar abierto que comienza en un talud continental y se extiende unos 2000 metros hacia abajo.

zona de areación: región subterránea relativamente seca en que los poros están llenos principalmente de aire.

zona de saturación: región subterránea en que todos los poros están llenos de agua.

zona intermareal: región situada entre la línea de la marea baja y la línea de la marea alta.

zona nerítica: región que se extiende desde la línea de la marea baja hasta el borde de la plataforma continental.

zona profunda: región del océano de aguas extremadamente frías situada por debajo del termoclinal.

zona superficial: zona en que el agua del océano es mezclada por las olas y las corrientes.

Índice